Dieses Buch ist der unveränderte Reprint einer älteren Ausgabe.

Erschienen bei FISCHER Digital

Printed in Germany
ISBN 978-3-596-30504-9

Kontaktadresse nach EU-Produktsicherheitsverordnung:
produktsicherheit@fischerverlage.de

Fischer

Weiterführende Informationen finden Sie unter
www.fischerverlage.de

Maruscha Magyarosy

Intelligenz des Herzens durch die Fünf »Tibeter«

Heilende Aussöhnung mit unserem innersten Wesenskern

Die in diesem Buch vorgestellten Übungen sind in Kursen und Seminaren unterrichtet und ausgeführt worden. Bei gesundheitlichen Problemen können sie ärztlichen Rat und Hilfe nicht ersetzen. Autor und Verlag übernehmen keine Haftung für Schäden, die sich aus dem Gebrauch oder evtl. Mißbrauch der in diesem Buch beschriebenen Übungen ergeben.

Erste Auflage 1997

Illustrationen von Beate Willich, München.
Einbandgestaltung: Zembsch' Werkstatt, München,
unter Verwendung eines Fotos der Bildagentur Comstock
sowie eines Fotos von Helga Belohlawek, München.

ISBN 3-502-25008-1

Inhalt

TEIL I
Das Paradies im Körper

TEIL II
Von der Information zur unmittelbaren Erfahrung. Vom Wissen zum befreienden Erleben

Dieses Buch widme ich jedem,
der den Mut hat, mit mir in die
verborgenen Räume des Herzens zu reisen …

TEIL I

Das Paradies im Körper

In dieser Stadt Brahmans,
die dein Körper ist,
ist eine ganz kleine Stätte in Form eines Lotus,
in der ein kleiner Raum ist.
Was darin ist, sollst du erforschen.
Das sollst du wirklich suchen zu erkennen …

UPANISHADEN

Einleitung

Wo ist unser verlorenes Paradies,
wo ist das Land der Unsterblichkeit?

FRAGE DES NACIKETAS
AN DEN TODESGOTT YAMA

«Wir kommen nicht in den Himmel, sondern suchen diesen zu verkörpern», sagt Khalil Gibran. Ewig jung, dynamisch und gesund bleiben – das ist seit der «Vertreibung aus dem Paradies» ein Menschheitstraum, in allen Kulturen bis zum heutigen Tag lebendig. Trägt nicht fast jeder von uns in seinem tiefsten Herzen mehr oder weniger bewußt einen Keim von dieser Sehnsucht in sich? Und – wir warten ein Leben lang auf seine Erfüllung. Kann es sein, daß wir ihn nur träumen und gar nicht Wirklichkeit werden lassen wollen, weil wir noch immer glauben, das Paradies der Alterslosigkeit, ewiges Leben, Zeitlosigkeit und – vor allem – ewige Liebe gäbe es nur im Jenseits? Vollkommene Gesundheit, Glückseligkeit, Liebe, Schönheit, ewige Jugend, Weisheit, Harmonie, Frieden und andere Begriffe, die man unter Himmel oder Paradies versteht – seien nur in einem fernen «Garten Eden» möglich, aus dem wir vertrieben worden sind. Daher ist das

Paradies innerhalb der Dualität, in unserer Welt, auf unserem Planeten nirgendwo dauerhaft zu finden; vielleicht noch an Plätzen wie Tibet – Shambala oder Shangri-La – oder in einem tropischen Insel-Paradies der Südsee. Können Sie sich vorstellen, daß ein paradiesisches Bewußtsein – mit anderen Worten, das Gewahrsein unseres Ursprungs – genauso in unserem menschlichen Körper lebbar ist, nicht nur in Shangri-La oder auf einem anderen Planeten?

Wie und wo auch immer – tief verborgen hinter unserer Sehnsucht nach diesem Zustand schlummert das ewige Wissen, die tatsächliche Wahrheit um dieses Bewußtsein. Es ist unser Urzustand, unsere Lebensflamme im Zentrum unseres Wesens, innerhalb unseres Körpers. Es ist unser ewiges Erbe, als Same versteckt in der Tiefe unserer Seele – und im Kern jeder einzelnen unserer Körperzellen. Dort wartet es auf Erlösung aus der «Erbsünde» – *hier auf dieser Welt* – und nicht irgendwo und irgendwann im Jenseits. Unser rhythmischer Lebenspuls – Herz und Atem – klopft unermüdlich, Tag und Nacht, an die Tür unserer dumpfen Unbewußtheit, bis sich das verrostete Schloß, die verriegelte Tür zu unserem «verlorenen Paradies» wieder öffnet. Dort brennt das lodernde Feuer des Wissens und der Liebe zeitlos weiter, auch wenn unsere physischen Körper aus Fleisch und Blut über Jahrtausende sich zu Asche wandeln. Wie «Phoenix aus der Asche» werden wir immer wieder neu geboren, bis die endgültige «Auferstehung» – die Rückkehr ins Paradies – er-*lebt,* sprich er-*leibt* werden kann.

Den Himmel auf die Erde zu bringen bedeutet, die ewige Lebensflamme und Liebesflamme innerhalb unseres physischen Körpers, den unsterblichen Atomkern im Herzen unseres Herzens und genauso im Herzen einer jeden

Zelle wiederzuentdecken, zu befreien und als Schöpferkraft in dieser Welt zu leben und zu verwirklichen. Das schien bislang unerfüllbar. Es war und ist nicht der Mangel an Wissen, wie und unter welchen Bedingungen wir unsere Flamme schüren und erhalten können, so daß sie nicht erlischt. Methoden – von *außen* und von *innen* –, unser Lebensfeuer, unsere Lebenskraft und Lebensfreude auf allen Ebenen unseres Daseins zu aktivieren und zu erhalten, gab es zu allen Zeiten und in allen Kulturen. Sie sind inzwischen auch von modernen wissenschaftlichen Forschungen bestätigt. Vielleicht fehlt es noch immer an den entsprechenden Einstellungen und dem Mut umzudenken, und daraus resultierend, dem not*wendigen* Bewußtsein. «Das Land der Alterslosigkeit und Gesundheit findest du nirgendwo, außer in deinem Körper», sagte mir einmal Deepak Chopra, der heute in den USA lebende indische Arzt für Ayurveda und Wissenschaftler, der sein Leben den Forschungen über die Erneuerung des menschlichen Körpers widmet. Er erklärt, daß unser Körper der sicht- und greifbare Ausdruck unserer kreativen Intelligenz, der Weisheit allen Lebens ist. Jede Erfahrung, die wir jemals gemacht haben und die noch vor uns liegt, ist in unseren Zellen gespeichert. Jede einzelne Zelle ist ein Lebewesen für sich, das die Information der ganzen Schöpfung in sich trägt. Die kreative Intelligenz, die das gesamte Universum erschaffen hat, hat den menschlichen Körper aus der gleichen Substanz erschaffen. In den DNA-Archiven unserer Zellen ist unsere gesamte Schöpfungsgeschichte enthalten.

«Wer seinen Körper und sein Leben verändern will, muß zuerst sein Bewußtsein wandeln», sagt Chopra. Unser Denken, unsere Vorstellungen und unsere Gefühle sind unsere persönliche Wirklichkeit. Sie haben in uns ihren Ursprung. Die Weise, wie wir uns sehen, macht uns zu dem, was wir sind. Wenn wir die Betrachtungsweise unserer Situationen ändern, können wir alle Begriffe von Leben, Altern und Sterblichkeit ändern und schließlich unsere Langlebigkeit erkennen und unsere Lebensfreude wiedergewinnen. Es sind unsere Sichtweisen, die unseren physischen Körper formen, unsere Herzen und unseren Geist begrenzen oder befreien. Es sind dieselben Sichtweisen, die unser ganzes Leben bestimmen und genauso unsere Umgebung beeinflussen – unsere Städte, Länder, Kontinente, bis hin zu den Naturgeschehen im Kosmos.

Es ist mein Anliegen, mit den in diesem Buch vorgestellten praktischen und einfachen Methoden – eine Verbindung aus Ost und West – Sie zu unterstützen, Ihrem «verlorenen Paradies» wieder etwas näherzukommen – auch wenn es vorerst nur für Augenblicke ist, bis es irgendeinmal wieder zum ewigen Augenblick wird … Vielleicht können Sie sogar dem «Geheimnis hinter dem Geheimnis» der *Fünf »Tibeter«* und Ihres Menschseins auf die Spur kommen. Wenn Sie darüber hinaus auch noch Mut und Forschungsgeist haben, können Sie möglicherweise sogar entdecken, daß wir selbst es sind, die uns verlassen und vertrieben haben … Und daß die Urwunde unseres Menschseins – *das Verlassen-Sein* –, der Schmerz darüber und die Angst davor – die Trennung von uns selbst, von unseren Mitmenschen ist. Die daraus resultierende Angst um Leben oder Tod zieht sich, mehr oder weniger bewußt, wie ein roter Faden durch unser ganzes Leben. Sie kann nur *innerhalb, durch* und *mit* unserem Körper erlöst und geheilt werden. Doch unser Körper ist teilweise von unserem Bewußtsein abgespalten, getrennt von der Seele.

Unser Verstand ist von unserem Gefühl und von unserem Herzen getrennt. Unser Herz ist von unseren Mitmenschen getrennt, und häufig sind wir selbst auch noch weit von unserem eigenen Herzen entfernt und getrennt.

Die Rückkehr ins Paradies ist die Aussöhnung mit unserem innersten Wesenskern. Die Neugeburt unseres Herzens, die Freiheit und die Fülle unseres Herzens – das tiefe Erleben unseres Ursprungs – kann uns kein Buch der Welt schenken, auch kein Guru der Welt, wie immer die vielversprechende und verheißungsvolle Botschaft im schönsten Geschenkpapier aus Worten verpackt sein mag. Wir selbst sind es, indem wir uns selbst und unseren Mitmenschen die Bereitschaft, die Zeit und die Offenheit schenken, die unmittelbare Erfahrung zu machen, daß wir nicht nur einen Körper haben, sondern daß wir Körper sind, daß wir beseelte Körper und lebendige, ver-*körperte* Liebe sind …

Die Fünf »Tibeter« – ein Geschenk Tibets an den Westen

Dieser Ort, wo du deine Wirklichkeit spürst,
ist jenseits von richtig und falsch.
Dieser Ort ist der Ursprung allen Lebens …

MICHAEL BARNETT

Es ist mir ein großes Anliegen, in den folgenden Kapiteln dem Leser und Übenden etwas zu vermitteln, was schwer mit Worten allein vermittelt werden kann und doch möglich ist. Sei es durch einen Augenblick der Erkenntnis – «Aha – das ist es» – oder durch eine Ahnung, eine verschüttete Erinnerung, die vielleicht zwischen den Zeilen – durch Worte hindurch – wieder berührt wird; durch etwas, das in Ihnen wieder lebendig wird. Und genau dieser Teil von Ihnen weiß längst, was Sie da in Ihren Händen halten. *ER IST ES*, sprich: die äußere sicht-, greif- und fühlbare Manifestation meiner/unserer inneren Wirklichkeit. Ich habe unterschiedliche Worte und Begriffe gewählt, um das «schwer Beschreibbare» in unserer menschlich-sprachlichen Begrenzung zu vermitteln und mit Ihnen zu teilen. In meiner Sprache bedeuten sie alle dasselbe:

Höchste Schöpferkraft … universale Lebensenergie … Tao … reines Gewahrsein … Prana … Ich-Bin-Essenz … Höheres Selbst … kreative Intelligenz … Geist … das Paradies … Liebe … Gott …

Heilige und Meister, Hof- und Salondamen, Herrscher und Tyrannen, Alchimisten und Wissenschaftler haben die Antwort auf die Frage von Leben und Tod, von Jugendlichkeit oder Älterwerden bis hin zu Unsterblichkeit zu allen Zeiten gesucht. Liegt sie nicht in der lebendigen Beziehung, in der Aussöhnung zwischen Geist und Materie, zwischen Seele, Geist und Körper? Mit anderen Worten: Energie belebt den Körper. Energie ist eine dynamische und kreative Kraft, die in ständigem Fluß durch unseren Körper kreist. Leben bedeutet also, pausenlos aus der unendlichen Energiequelle zu schöpfen. Atmen, Bewegen, Essen, Denken, Sprechen, Fühlen und kreativ tätig zu sein sind nur möglich, weil Energie unseren Körper belebt.

Yogis und tibetische Lamas entwickelten vor zweitausend Jahren bereits geeignete Techniken und Übungen, unsere Energie innerhalb und außerhalb unseres Körpers zu aktivieren, sie gezielt zu lenken, sowohl für die Entfaltung des Bewußtseins, zur Selbstheilung als auch nicht zuletzt, um sie im täglichen Leben praktisch einzusetzen. Eine der einfachsten und wirkungsvollsten Methoden, Gesundheit, Langlebigkeit und Vitalität wiederzugewinnen, zu erhalten und unser kreatives Potential zu aktivieren, sind die *Fünf »Tibeter«,* so wie sie uns in den Westen überliefert worden sind. Die Riten entstammen vermutlich dem traditionellen Yoga-System. Sie wurden aus ihrer statischen Form gelöst und in dynamische Bewegungsabläufe umgewandelt.

Diese einfachen Übungen aus dem Energie-Yoga, bekannt unter dem Namen die *Fünf »Tibeter«*, sind seit Jahren auch zu meinen Favoriten für Lebendigkeit und Wohlbefinden geworden. Warum werden sie als *Riten* bezeichnet? Dieser besondere Begriff mag vielleicht irritieren. Doch enthält er die tiefe Botschaft, die manche mißverstehen und die den wenigsten bewußt ist. Wenn ich ein Ritual durchführe, bin ich mit meinem Bewußtsein jeden Augenblick präsent und erlebe, was dabei geschieht. Wenn ich einfach nur eine Übung «mache», geschieht es häufig mechanisch. Mein Geist ist die meiste Zeit abwesend, vertrieben von Gedanken, die gar nichts mit der Übung zu tun haben. Das bedeutet: Körper und Geist sind getrennt. Die Riten, besser gesagt ein Ritual ist für mich eine bewußt durchgeführte Handlung. Mit anderen Worten: eine Körpermeditation, die mich wieder mit mir selbst verbindet. Es sind die Achtsamkeit und die Bewußtheit während der Bewegung in Verbindung mit dem Atem, die die besondere Wirkung ausmachen. Mit dieser Einstellung gelang es mir in den letzten Jahren mehr und mehr, verschiedene Handlungen im Alltag, die mir ehemals lästig oder langweilig waren, mit derselben Wirkung durchzuführen. Sollten Sie bisher über den Begriff *Fünf Riten* gestolpert sein, weil Sie möglicherweise irgendwelche Dogmen oder Glaubensüberzeugungen vermuteten, so hoffe ich, Sie durch diese, meine persönliche Erfahrung ein wenig ausgesöhnt zu haben.

Ich bin jedesmal wieder fasziniert, was diese einfachen Riten und der *Geheime Sechste* bei mir persönlich und in meinem Freundeskreis bewirken und auslösen. In der Öffentlichkeit scheint die Skala von Pro und Contra unerschöpflich. In einer seiner Geschichten erklärte Peter Kelder, daß die

Fünf Riten, ganz besonders aber der *Geheime Sechste,* über Jahrhunderte in tibetischen Klöstern als Geheimwissen galten, als Quelle der Jugend für ein langes und gesundes Leben in geistiger Wachheit. Es wurde nur mündlich und persönlich an ausgewählte Schüler weitergegeben. Sie waren und sind auch heute noch ein Geheimtip für Langlebigkeit, körperlich-seelisch-geistige Gesundheit und Wohlbefinden.

Das Geheimnis hinter dem Geheimnis

Was aber verbirgt sich wirklich hinter und zwischen diesen geheimnisvollen Energie-Riten? Was ist Dichtung, und was ist Wahrheit um das alte Geheimnis – die Quelle der Jugend – aus den Hochtälern des Himalaja? Ist es wirklich ein Jungbrunnen? Existierte Colonel Bradford wirklich? Und wo lebt Peter Kelder heute? Ist es möglich, daß er nur ein Phantom oder ein Ghostwriter ist oder daß möglicherweise sogar seine Geschichte von einem Ghostwriter geschrieben wurde? Ist er vielleicht ein in den USA lebender Bodhisattva des 20. Jahrhunderts? Einer der vielen «verkörperten Bodhisattvas», die überall auf der Welt leben und gelebt haben? Möchte er vielleicht in der zivilisierten, westlichen Welt lieber inkognito und unerkannt bleiben, um jetzt, nachdem der Same seiner Botschaft gesät worden ist, aus der Stille weiterzuwirken? Jetzt, nachdem er zur Jahrtausendwende ein praktisches Geschenk Tibets dem Westen hinterlassen hat? Ein Geschenk, hinter dem sich noch viel mehr verbirgt, als die scheinbar einfachen Riten äußerlich darstellen: ein Wissen, das entsprechend unserer Bereitschaft und Achtsamkeit Schritt für Schritt enthüllt werden kann ...

In meinen Workshops, Seminaren und Interviews werden mir pausenlos solche und ähnliche Fragen gestellt. Einige Antworten konnte ich inzwischen für mich persönlich erhalten – Botschaften, die ich in den folgenden Kapiteln mit Ihnen teilen und dem Übenden vermitteln möchte.

Hinsichtlich der »Tibeter« meine ich, daß gerade diese einfachen Riten aus tibetischen Klöstern ein Lebenselixier und tatsächlich eine geheimnisvolle Tür für Langlebigkeit und ein Jungbrunnen sind. Für mich ist es kein Zufall, daß sie inzwischen weltweit verbreitet sind. Ich vermute, es ist gerade das Einfache, was Tausende von Menschen aufhorchen und reagieren läßt. In dieser Einfachheit verbirgt sich eines der größten Geheimnisse – *das Geheimnis hinter dem Geheimnis* –, das mit Worten höchstens zu umschreiben ist. Und doch – das Geheimnis ist im Wort selbst bereits enthalten – die einfachste aller Entschlüsselungen: *Ge-heim* ... geh nach Hause ... Ich *gehe heim* – in jeden Winkel meines Körpers, um mir im Zentrum meines Herzens und im Kern jeder Zelle wiederzubegegnen. Dort entdecke ich meine Urlebenskraft, meine Lebensfreude, meine Sexualität und mein Wissen, das im Atomkern jeder Zelle unseres Körpers, in jeder Faser unseres Bewußtseins zu Hause ist.

Mitgefühl durch ein Körper-Ritual aus dem «Herzen» Asiens

Ob die Geschichte über Colonel Bradford, die Peter Kelder in seinem Buch beschreibt, auf Fakten, Phantasie oder einer Mischung aus beidem beruht, ist ungewiß. Man vermutet, daß sie in den dreißiger Jahren geschrieben wurde und erstmals in den USA veröffentlicht worden ist. Die Quelle kann aus dem berühmten Roman *Der verlorene Horizont* stammen, jene Shangrila-Geschichte von James Hilton. Dort werden erstmals die hochwirksamen, rituellen, energetischen Körperübungen erwähnt, die Lamas von Shangri-La praktizierten und die Langlebigkeit und Unsterblichkeit bewirken sollen.

Es heißt, daß die Riten von dem englischen Colonel Bradford, der vier Jahre lang in einem tibetischen Kloster gelebt hat, wiederentdeckt wurden. Dort soll er sich während dieser Zeit von einem verwelkten Siebzigjährigen in einen taufrischen, dynamischen, quasi Vierzigjährigen verwandelt haben, den niemand mehr erkannte, als er in den Westen zurückkehrte. Bradford erklärt, daß ein geheimnisvolles Hormon, das den physischen Alterungsprozeß verursacht, durch das regelmäßige Üben der *Fünf Riten* gebremst wird. Viele der positiven Wirkungen werden inzwischen von Medizinern bestätigt. Harry Lynn (USA), der Herausgeber der englischsprachigen Auflage, erklärt, daß die medizinische Forschung in den letzten Jahren überzeugende Beweise erbracht hat, daß der Alterungsprozeß hormongesteuert ist. Demnach scheint die Hypophyse ab dem Einsetzen der Pubertät ein «Todeshormon» zu produzieren. Dieses Todeshormon bremst offenbar die Fähigkeit der Zellen, aus aufbauenden Hormonen, wie etwa dem Wachstumshormon, Nutzen zu ziehen. Als Folge davon verschleißen allmählich die Zellen und Organe, um schließlich abzusterben. Mit anderen Worten: Der Alterungsprozeß fordert seinen Tribut.

Die Kirlian-Fotografie, die den Körper von einem unsichtbaren elektrischen Feld – der «Aura» – umgeben zeigt, deutet darauf hin, daß wir von einer «Substanz» genährt werden, die das ganze Universum durchdringt. Man könnte diese Substanz als Atma-Energie, Prana, Chi oder ganz einfach als universelle Lebensenergie bezeichnen. Laut Kirlian-Fotografie sieht die Aura eines alternden, kränklichen Menschen anders aus als die eines jungen, gesunden. Harry Lynn, seit Jahren selbst Praktizierender der *Fünf Riten*, erklärt: «Meine Erklärung für die Wirkung der *Fünf »Tibeter«* ist die, daß die Riten in der von Peter Kelder beschriebenen Weise die universale Lebensenergie in unserem Körper aktivieren und erhöhen. Dies wiederum hat die höchst vorteilhafte Wirkung, das ‹Todeshormon› zu blockieren und die Hormonerzeugung und Ausschüttung des endokrinen Systems zu normalisieren. Wenn dies erreicht ist, können die Körperzellen sich wieder vermehren und gedeihen, wie sie es taten, als wir Kinder waren. Wir können sehen und fühlen, wie wir jünger werden.»

Professor Dr. Robert Thurman (USA) erklärt, daß die *Fünf Riten* eine zeitgemäße Körper- und Bewußtseinsschulung für jedermann sind. Robert Thurman ist Professor für Indo-Tibetischen Buddhismus, Präsident des Tibet House, einer vom jetzigen Dalai Lama gegründeten Organisation, die sich der Erhaltung der tibetischen Kultur im Westen widmet. Er ist einer der führenden Gelehrten Amerikas auf dem Gebiet des tibetischen Buddhismus, Freund und Vertrauter des Dalai Lama.

Professer Thurman war so freundlich, die amerikanische Ausgabe der *Fünf »Tibeter«* zu lesen und die *Fünf Riten* sowohl von einer historischen als auch einer spirituellen Warte aus zu begutachten und in einem Interview, dessen Inhalt ich hier gekürzt wiedergebe, zu kommentieren. Er bringt dabei über dreißig Jahre praktische und theoretische Kenntnisse und Erfahrungen über Tibet und den Buddhismus in Theorie und Praxis ein:

> Die Riten stellen eindeutig eine weitere Form dar, in der die Weisheit des Ostens in den Westen gelangt ist. Die Geschichte und die Übungen sind durchaus glaubwürdig und scheinen authentisch zu sein. Besonders der sechste, zölibatäre Ritus und die dabei angewandte Atemtechnik sind sehr alte und bekannte Konzepte ... Diese Übungen sind schon seit langem mit der jugendlichen Ausstrahlung buddhistischer Mönche in Verbindung gebracht worden. Von einem wissenschaftlichen Standpunkt aus betrachtet würde ich sagen, daß dieses authentische Wissen auch heute noch von Nutzen ist ...
>
> Das Verständnis über das Zusammenwirken von Geist und Körper, das die tibetischen Buddhisten erlangt haben, ist nicht zu unterschätzen. Im neunten Jahrhundert kamen Hunderte von Gelehrten aus allen Teilen der damals bekannten Welt nach Tibet und brachten Jahrzehnte damit zu, das medizinische Wissen Indiens, Chinas, Persiens und der Mongolei zu vergleichen. Sie schufen ein medizinisches System, das das Beste der damaligen Psychologie, Anatomie, Neurologie, Chirurgie, Pflanzenheilkunde und Ernährungskunde mit den spirituellen Methoden des Buddhismus verband. Dazu gehörten auch Methoden, einen frühzeitigen Tod rechtzeitig zu erkennen und abzuwenden und das menschliche Leben zu verlängern ...
>
> Die Riten ähneln dem Hatha-Yoga und scheinen mir eigentlich eher aus Indien als aus Tibet zu stammen. Man muß natürlich im Auge behalten, daß der Buddhismus im siebten Jahrhundert unserer Zeitrechnung aus Indien

nach Tibet kam. Es gibt zahlreiche Hinweise darauf, daß zwischen den beiden Ländern ein starker kultureller Austausch stattfand. Der tibetische Buddhismus übernahm vieles von dem großartigen Wissen Indiens ... Shakjamuni, die historische Person, die heute als Buddha bekannt ist, war selbst ein Schüler des Yoga. Als sich der Buddhismus in Tibet entwickelte, reisten viele Tibeter nach Indien, um zu lernen, und brachten sowohl yogische Methoden als auch spirituelle Texte und Kenntnisse mit, die sie übersetzten und in ihre eigenen spirituellen Erfahrungen einbanden ... Ich sehe keinen Grund, warum die *Fünf Riten,* die höchstwahrscheinlich ihre Grundlage in diesem Wissen haben, nicht ähnliche Auswirkungen haben sollten wie Yoga-Übungen, die ein uraltes System von Körperübungen darstellen, das erwiesenermaßen positive Wirkungen auf Geist und Körper hat ...
Die buddhistischen Mönche haben die *Fünf Riten* in ihre spirituellen Übungen miteinbezogen. Der Tibeter erkennt den Körper als ein «kostbares Juwel», der deshalb so geschätzt ist, weil er die Form, das «Gefährt» des Geistes in diesem Leben ist. Und es ist das Leben mit und durch den Körper, das dem Menschen die Möglichkeit des Wachstums und der Weiterentwicklung ermöglicht ...
Doch möchte ich nochmals betonen, daß es wichtig ist zu begreifen, daß keine authentische Klostergemeinschaft diese *Fünf Riten* als ihre Hauptbeschäftigung angesehen haben kann. Die Riten waren nur ein Teil eines viel umfassenderen Systems des Studiums und der Praxis. Mönche, deren Hauptziel es wäre, ewig jung zu bleiben, stünden im Gegensatz zu den Zielen und Idealen des

tibetischen Buddhismus, z. B. das Prinzip des liebenden Mitgefühls im Alltag mit Hilfe des Körpers praktisch verwirklichen zu können ... Denn wir müssen uns wohlfühlen, um anderen helfen zu können ...
Wenn man die *Fünf Riten* im Kontext des buddhistischen Ideals sieht – sein höchstes Potential zum Nutzen anderer zu verwirklichen –, dann gäbe es eine philosophische Grundlage für die Aufrechterhaltung von Vitalität, Jugendlichkeit und Gesundheit ... Denn das höchste Geheimnis – das Bewußtsein von Nirwana – ist nicht nur eine Angelegenheit des Geistes, es bezieht hier auf dieser Welt auch den Körper mit ein ...*

Das Vermächtnis Buddhas

Der Same der Befreiung liegt in uns – diese Vorstellung ist eine der Grundphilosophien des tibetischen Buddhismus. Tenzin Gyatso, der XIV. Dalai Lama, sagte einmal während eines wissenschaftlichen Kongresses: «Meine Religion ist sehr einfach – Tempel? – Nicht nötig. Komplizierte philosophische Systeme? – Nicht nötig. Unser Hirn und unser Herz ist unser Tempel, Güte unsere Philosophie! ... Egal in welchen Teilen der Welt ich Menschen begegne, es wird mir jedesmal bewußt, daß wir im Wesen alle gleich sind. Wir sind alle Menschen – Menschen, die unterschiedliche Kleider tragen, Menschen verschiedener Rassen, die in verschiedenen Sprachen sprechen. Das aber ist nur äußerlich. Im Wesen sind wir

* Der vollständige Text des Interviews kann beim Verlag angefordert werden.

alle eins. Und das ist es, was uns verbindet. Wir sind alle Mitglieder der einen menschlichen Familie dieses Planeten Erde ...»*

An dieser Stelle möchte ich noch aus dem «Vermächtnis Buddhas» zitieren – die Basis meiner Lebensphilosophie. Es war und ist noch immer ein diamantener Schlüssel zur Eigenverantwortung, während ich die vielen verschiedenen geheimnisvollen Türen und Stationen meiner persönlichen Reise durchschreite:

> Für alle gibt es einen Weg ... Doch du bist dein eigener Meister. Alles hängt von dir ab ... Seid euch selbst Zuflucht. Habt keine andere Zuflucht ... Glaubt nicht irgendwelchen Überlieferungen, nur weil sie für lange Zeit in vielen Ländern Gültigkeit besessen haben. Glaubt nicht an etwas, nur weil es viele dauernd wiederholen. Akzeptiert nichts, nur weil es ein anderer gesehen hat, weil es auf der Autorität eines Meisters beruht oder weil es in einer Heiligen Schrift geschrieben steht. Glaubt nichts, nur weil es wahrscheinlich ist. Glaubt nicht an Einbildungen oder Visionen, die ihr für gottgegeben haltet. Glaubt nichts, nur weil die Autorität eines Lehrers oder Priesters dahintersteht. Glaubt an das, was ihr selbst durch lange Prüfungen für richtig erkannt habt, was sich mit eurem Wohlergehen und dem der anderen vereinbaren läßt ... Ich zeige euch den Weg zur Befreiung, wißt aber, daß die Befreiung von euch selbst abhängt ...! **

* Zitiert in Dalai Lama, *Das Auge einer neuen Achtsamkeit.*

** Zitiert nach: Ingrid Ramm-Bonwitt, *Mudras – Geheimsprache der Yogis*

Durch fünf Sinne, neun Tore und sieben Energiezentren

Nur, wer die Wahrheit des Körpers erfahren hat, kann die Wahrheit des Universums erkennen …

AUS EINER TANTRISCHEN SCHRIFT

Sieben wichtige Energiezentren und endokrine Drüsen

Eines der Geheimnisse der *Fünf Riten* ist die Wechselwirkung zwischen den sieben Haupt-Chakras und ihren entsprechenden lebenserhaltenden endokrinen Drüsen. Unser menschlicher Körper hat ein unsichtbares Energiesystem mit sieben Haupt-Energiezentren, die sich mit Türen vergleichen lassen, durch die kosmische Energie in unseren Körper strömt, um sich mit unseren Zellen zu verbinden. Diese sieben Energiezentren wiederum sind mit unseren sieben lebenserhaltenden endokrinen Drüsen und deren Hormonfunktion eng verknüpft. Sie regulieren unseren Körperhaushalt und beeinflussen unser Wohlbefinden – einschließlich des Alterungsprozesses. Die sieben Chakras sind wie sich drehende Kraftfelder, Energiewirbel. In einem gesunden Körper dreht sich jeder dieser Wirbel mit hoher Geschwindigkeit und ermöglicht es dadurch der vitalen Lebensenergie – Prana –, durch das endokrine System aufwärts zu fließen. Dreht sich einer der Wirbel weniger oder schwächer, so wird der Fluß der vitalen Lebensenergie und damit unsere Gesundheit, unser Wohlbefinden geschwächt, eine andere Definition des Alterns, beziehungsweise der sich zurückziehenden Lebenskraft. Eine der wirkungsvollsten Möglichkeiten, diesem Prozeß vorzubeugen, blockierte oder verminderte Lebendigkeit wiederzugewinnen, sind die *Fünf Riten* und andere gezielte Körper-, Atem- und Energieübungen.

Die meisten Menschen halten die sichtbare Welt und ihren Körper für die einzige Wirklichkeit. Hellsichtige, hellfühlige und hellhörige Menschen aber sehen und fühlen darüber hinaus verschiedene Energiefelder, die innerhalb und außerhalb unseres Körpers existieren. Es ist die universelle Lebensenergie, die unseren Körper mit all seinen Zellen belebt und die uns jede Bewegungs- und Ausdrucksfähigkeit ermöglicht. Es ist die Schöpferkraft des Universums, die alles, was wir mit unseren fünf Sinnen und deren Ausdrucksorganen wahrnehmen können, durchdringt.

Unser reines Energiesystem setzt sich aus drei grundlegenden Komponenten zusammen:

1. Unser Energiekörper,
2. die Chakras – unsere Energiezentren,
3. die Nadis – unsere Energiekanäle.

Die Chakras dienen im Energiesystem des Menschen als Empfangsstationen, Transformatoren und Verteiler verschiedener Energiefrequenzen. Sie nehmen über unseren Energiekörper, aus unserer Umgebung über die Nadis Lebensenergie auf, die für die Erhaltung und Entfaltung der verschiedenen Bereiche unserer menschlichen Existenz notwendig ist. Darüber hinaus strahlen die Chakras Energie in unsere Umgebung aus. Über unsere Chakras treten wir in Austausch mit den Energien, die auf den verschiedenen Entwicklungsebenen in uns, in unserer Umwelt und im Universum wirksam sind.

Die Nadis kann man mit einer Art feinstofflicher Arterien vergleichen. Das Wort Nadi kommt aus dem Sanskrit. Es bedeutet Röhre, Gefäß, Ader. Einige der alten indischen und tibetischen Texte erwähnen eine Anzahl von 72 000 Nadis. Chinesen und Japaner kennen ein ähnliches System von Energiekanälen, die sie als Meridiane bezeichnen. Aus dem Wissen um diese Meridiane ist die Akupunktur hervorgegangen. Die Aufgabe der Nadis ist es, Prana – fließende Lebensenergie – durch unser Energiesystem und durch unsere Chakras zu leiten sowie unseren Energiekörper und unsere Chakras mit unserem physischen Körper zu verbinden. Prana kann – wie bereits erwähnt – mit «universeller Lebensenergie» übersetzt werden. Es ist die Urquelle aller Energieformen. Eine der wichtigsten Ausdrucksmöglichkeiten von Prana ist der Atem, über den wir Prana in uns aufnehmen, verteilen und speichern können.

Neben den sieben Haupt-Energiezentren, die aus der Yoga-Lehre überliefert sind, gibt es noch viele Neben-Chakras. Es wäre hier zu weit ausgeholt, alle Chakras und ihre Funktion aufzuführen. Doch möchte ich in einem kurzen Umriß auf die sieben Haupt-Chakras eingehen: auf ihre Bezeichnungen, ihre Lage, die entsprechenden Sinnesfunktionen und die jeweiligen Elemente, denen sie zugeordnet sind; auf die Farbe, den Vokal und den Laut, die ihrer jeweiligen Frequenz entsprechen, sie entsprechend aktivieren und harmonisieren und schließlich auf ihr jeweiliges Lebensthema, durch das sich der bewußte Mensch entwickeln kann.

Menschsein zwischen Himmel und Erde: zur «Krone der Schöpfung» entlang der Energietreppe

Entsprechend der Yoga-Lehre entfaltet sich unser Bewußtsein über die sieben Haupt-Energiezentren, die sieben Chakras, vom untersten, dem Wurzel-Chakra, entlang der Wirbelsäule bis zum höchsten Energie-Zentrum, dem Scheitel- oder Kronen-Chakra, in dem das menschliche Bewußtsein mit dem Kosmos verschmilzt. Fünf Energiezentren befinden sich entlang der Wirbelsäule, zwei davon am Kopf. Den sieben Chakras in unserem Energiekörper entsprechen im physischen Körper sieben wichtige endokrine Drüsen und deren Hormonfunktion. Sie stehen in enger Verbindung untereinander. Die Hormone wiederum regeln die Funktionen des Körpers. Gleichzeitig beeinflussen sie unser seelisch-geistiges Wohlbefinden und den Alterungsprozeß. Die Wissenschaft macht auf dem Gebiet der Endokrinologie laufend neue Entdeckungen. Die Hormonforschung ist noch lange nicht ausgeschöpft. So manche Wissenschaftler erlebten in den letzten Jahren berührende Augenblicke in Hinblick auf ihre eigenen Begrenzungen. Staunend stehen sie vor den grenzenlosen Möglichkeiten der noch immer unerforschten «Krone der Schöpfung» – vor dem Menschen und seinem verborgenen Geheimnis.

Bei fast jedem Menschen sind die Energiezentren im Ungleichgewicht. Sie sind entweder über- oder unterladen. Bestimmte Methoden, wie die *Fünf Riten,* sowie gezielte Atem- und Energieübungen haben eine ausgleichende Wirkung auf die sieben Chakras und die sieben ihnen entsprechenden Drüsen und deren Hormonhaushalt. Regelmäßig durchgeführt, können sie dazu beitragen, Unausgewogenheiten ins Gleichgewicht zu bringen, Über- oder Unterfunktion der sieben Chakras und Drüsen günstig zu beeinflussen.

Das *erste Chakra* – das Wurzel-Chakra, liegt an der Basis der Wirbelsäule, an der Dammgegend, zwischen Anus und Genitalien. Das Wurzel-Chakra entspricht dem Element Erde. Seine Sinnesfunktion ist das Riechen. Das entsprechende Organ ist die Nase. Es wird den Nebennieren und deren Hormonfunktion zugeordnet. Die Farbe ist ein feuriges Rot. Der Vokal *U* und der Laut *LAM* aktivieren und harmonisieren das erste Chakra. Es wird in Verbindung gebracht mit Urvertrauen, Beziehung zur Erde und zur materiellen Welt, Stabilität und Durchsetzungskraft.

Das *zweite Chakra* – das Sakral-Chakra, liegt etwa vier Fingerbreit unterhalb des Nabels. Es wird dem Element Wasser und der Sinnesfunktion des Schmeckens zugeordnet. Entsprechendes Sinnesorgan ist der Mund. Es steht in enger Verbindung mit den Fortpflanzungsorganen bei Männern und Frauen. Die Farbe ist ein leuchtendes Orange. Der Vokal – ein geschlossenes *O* (wie Mond) – und der Laut *VAM* regulieren das zweite Chakra. Lebensthema ist: mit dem Le-

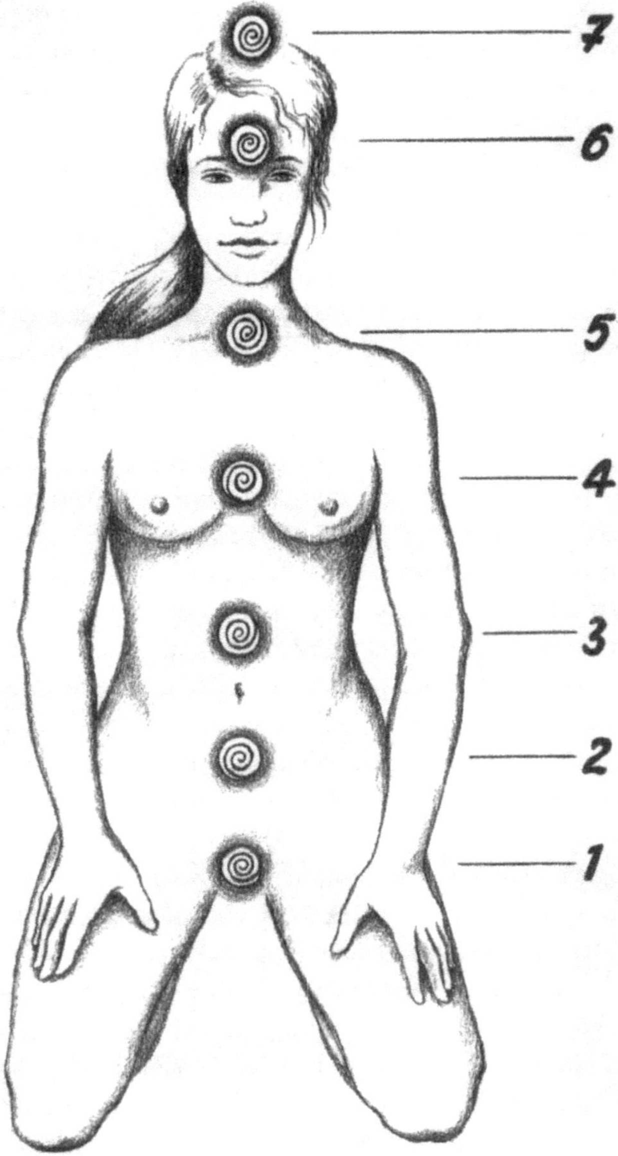
7
6
5
4
3
2
1

ben zu fließen, Sinnlichkeit, Erotik, Kreativität, Begeisterung.

Das *dritte Chakra* – das Nabel-Chakra, beziehungsweise der Solarplexus, auch das Sonnengeflecht genannt, liegt etwa zwei Fingerbreit oberhalb des Nabels. Es ist dem Element Feuer zugeordnet. Sinnesfunktion ist das Sehen mit Hilfe der Augen. Das Sonnengeflecht wird mit dem Pankreas, der Bauchspeicheldrüse, und deren Hormonfunktion assoziiert. Die Farbe ist Gelb bis Rotgelb. Der Vokal – ein offenes *O* (wie Sonne) und der Laut *RAM* aktivieren und harmonisieren das dritte Chakra. In diesem wichtigen Energiezentrum geht es um die Entfaltung der Persönlichkeit und die Verarbeitung von Emotionen, um Einfluß und Macht, um das Bewußtsein von Kraft und Fülle und um das Erlangen einer Weisheit, die aus unmittelbarer Erfahrung hervorgeht.

Das *vierte Chakra* – das Herz-Chakra, befindet sich unmittelbar an der Mitte des Brustbeins und wird dem Element Luft zugeordnet. Die Sinnesfunktion im Herz-Chakra ist der Tastsinn über unser größtes Organ – die Haut. Es steht in enger Verbindung mit der Thymusdrüse und deren Funktion. Seine Farben sind Grün, Rosa und Gold. Der Vokal ist *A*, der Laut *YAM*. Lebensthema in diesem Energiezentrum ist: Entfalten der Herzensqualitäten, Liebe, Mitgefühl, aus dem Herzen denken, sehen, hören, handeln, Hingabe, Heilen.

Das *fünfte Chakra* – das Kehl-Chakra, liegt zwischen Halsgrube und Kehlkopf, vorne am Hals. Es wird dem Element Äther zugeordnet. Seine Sinnesfunktion entspricht dem Hören über die Sinnesorgane der Ohren. Es steht in unmittelbarer Verbindung mit der Schilddrüse und deren Hormonfunktion. Die Farbe ist Hellblau. Der Vokal ist *E,* der Laut *HAM.* Lebensaufgabe, im fünften Chakra ist: Kommunikation, kreativer Selbstausdruck, Offenheit, Weite, Unabhängigkeit.

Das *sechste Chakra* – das Stirn-Chakra, beziehungsweise das Dritte Auge, befindet sich einen Fingerbreit über der Nasenwurzel, in der Mitte der Stirn, etwa zwei Fingerbreit hinter der Stirn. Dem Dritten Auge werden alle Sinne zugeordnet, auch übersinnliche Wahrnehmungen. Es ist das Zentrum der Hellsichtigkeit. Es steht eng mit der Hypophyse – der Hirnanhangdrüse – und deren Hormonfunktion in Verbindung. Seine Farben sind Indigo-blau und Violett. Der Vokal ist I, der Laut *KSHAM.* Lebensthema ist: Intuition, Hellsichtigkeit, Hellhörigkeit, Geisteskraft, Willensprojektion.

Das *siebte Chakra* – das Kronen-Chakra, liegt an der Mitte des Scheitels, an der Stelle, wo sich bei Säuglingen die Fontanellen befinden. Es steht in enger Verbindung mit der Epiphyse, der Zirbeldrüse. Die Farbe ist ein strahlendes Weiß, aus dem alle anderen Farben hervorgehen, aber auch Gold oder Violett. Der Laut ist *M* und der Schöpfungs-Klang des Universums – das Mantra *OM.* Lernthema ist Vollendung, höchste Erkenntnis durch direkte innere Schau, Vereinigung mit dem universalen Bewußtsein.

Der Weg zu unserem wahren Wesen – über die Menschwerdung, so wie wir gedacht sind, als Mitschöpfer, als Vermittler zwischen Erde und Himmel – führt uns über die Chakra-

Leiter mit ihren Hauptstationen. Sie lassen sich mit Entwicklungsstufen vergleichen. Jedes Energiezentrum ist gleich wichtig. Jedes will voll gelebt und erlebt werden. Unser menschlicher Mikrokosmos mit seinen sieben Haupt-Energiezentren, seinen entsprechenden Elementen und Sinnen, mit all seinen Farben, Formen, Symbolen und Klängen, läßt sich mit einer wunderbaren Schöpfungs-Symphonie vergleichen – unser lebendiger Körper –, in dem alle seine sichtbaren und unsichtbaren Funktionen wie Musikinstrumente in einem Orchester zusammenwirken.

In unserem menschlichen Körper mit allen seinen Zellen schlummert das Ur-Wissen, die gesamte Weisheit der Schöpfung, das Wissen des Universums. Unser Körper ist wie das Buch mit den «Sieben Siegeln» – den sieben verschlüsselten Energiezentren, die es im Laufe unserer Menschwerdung zu entschlüsseln und zu entfalten gilt. Die *Fünf Riten* sind einer der Schlüssel, uns unserer schlummernden Symphonie des Lebens bewußt zu werden und sie so kreativ und lebendig wie möglich zu «spielen».

Prana – das Unsterblichkeitselixier

Der Atem ist ein Strom, der von der physischen Ebene
zu unserem innersten Zentrum fließt,
ein Strom, der sich seinen Weg durch unseren Körper,
durch unsere Seele und unseren Geist bahnt.
Er strömt zu unserem innersten Lebenskern
und wieder zurück…

Hazrat Inayat Khan

Prana ist die Quelle unseres Lebens. Atem ist unser rhythmischer Lebenspuls, der wie ein Pendel unsere Außenwelt mit unserer Innenwelt verbindet. Prana und Atem gehören zusammen. Ohne Prana ist Atmen nicht möglich. Und ohne Atmen können wir kein Prana in uns aufnehmen. Das eine bedingt das andere. Das Sanskritwort Prana kann mit «absoluter Energie» übersetzt werden. Im chinesischen und japanischen Raum wird diese universelle Lebenskraft «Chi» oder «Ki» genannt. Sie ist die Urquelle aller Energieformen.

Genauso wie in unserem Körper existiert Prana in der Erde, im Wasser, im Feuer, in der Luft und im Äther. Es ist die Energie, die alles belebt. In den Upanishaden heißt es, daß Prana das Prinzip von Leben und Bewußtsein sei. Prana ist die grenzenlose Energiequelle, die unseren menschlichen Körper durchflutet und erhält. Sie verbindet über den Atem Körper, Seele und Geist. Pranayama – ein Begriff aus dem Yoga – heißt Ausdehnung, Erweiterung des Atems. Durch Pranayama verbinden wir unseren individuellen Atem mit dem kosmischen Atem. Wir öffnen unsere Herzen und Horizonte. Wir verbinden uns mit unserem innersten Wesenskern – die Quelle von Liebe und Mitgefühl. Atmen ist wie das Eintauchen der Welle in den Ozean, in die Tiefe unseres ursprünglichen Wesens, in dem unser Geheimnis verborgen ruht.

Prana ist die kreative Intelligenz, die das Universum auf allen Ebenen der Schöpfung durchdringt. Und diese Energie ist physikalischer, sexueller, seelisch-geistiger und kosmischer Natur. Alle Schwingungsenergien sind Prana. Prana ist Wärme, Licht, Elektrizität, Magnetismus. Prana wird häufig mit Atem übersetzt. Doch es ist viel mehr. Es ist Hauch, Leben, Wind, Elan, Energie, Kraft. Es ist die verborgene, potentielle Energie in allen Lebewesen. Es ist die Antriebskraft jeglichen Handelns. Mit jedem Atemzug nehmen wir Prana in uns auf. Prana ist die wichtigste Nahrung für unser Leben, für unsere Lebendigkeit. Es ist das Elixier für Langlebigkeit. Tiefe Atemerlebnisse ermöglichen es uns, unserer verborgenen Wahrheit Schritt für Schritt näherzukommen – es ist die unmittelbare Erfahrung, *daß wir unsterbliche, ewige Energiewesen sind.*

Das ganze Universum ist von heilendem Prana – der höchsten kreativen Intelligenz – durchdrungen. Prana ist der Nektar des Lebens. Jeder kann beliebig davon «trinken», seine Zellen, seine Seele, seinen Geist damit ernähren, aufladen und beleben. Und das bedeutet Lebendigkeit. Prana ist jene kostbare Substanz, die wir über unseren Atem in unseren Körper, in unsere Seele, in unseren Geist einströmen lassen. Unser Denken wird ruhig. Das kleine, unbewußte Ich ergibt sich dem großen *Ich Bin*. Was bleibt ist Klarheit, reines Bewußtsein. Unser individueller Atem hat sich mit dem ewigen Atem des Universums verbunden. Sie sind eins geworden. Und das sind jene Augenblicke, die in den Schriften aller Kulturen als die Momente beschrieben werden, in denen wir *Prana, Chi, Licht, Od,* die höchste *kreative Intelligenz – das Selbst, Atma, Gott, die absolute Wahrheit –*, in welchen Begriffen auch immer wir *ES* bezeichnen, in jeder Zelle unseres Körpers, mit jeder Faser unseres Bewußtseins erleben, «erleiben». Wir selbst sind es, die sich mit jedem Atemzug «Leben einhauchen»!

Atem – der rhythmische Puls des Lebens

Atmen ist Leben. Wir atmen jeden Augenblick, ob wir uns dessen bewußt sind oder nicht. Jedes Lebewesen auf dieser Welt atmet. Dabei verbinden wir unsere Außen- mit unserer Innenwelt, und wir können eine der tiefgreifendsten Erfahrungen machen: daß wir über unseren Atem mit unserer Seele und mit der Seele von allen Lebewesen – Menschen, Tieren, Pflanzen und Mineralien – verbunden sind. Der Atem ist die Nabelschnur zu unserer Seele, zu unserem innersten Wesenskern und zu allem, was um uns herum existiert. Er verbindet uns mit allem, was *ist*. Dabei können wir entdecken, daß es zwischen unserer Innen- und Außenwelt gar keinen Unterschied mehr gibt.

Nachdem wir als Neugeborenes vom Mutterleib abgenabelt worden sind, wurden unsere Lungen zur Plazenta, die uns durch den Atem wieder mit unserer «kosmischen Mutter» – mit der Welt, mit dem Universum verbindet – jeden Augenblick – mit jeder Ein- und Ausatmung. Einatmen bedeutet, sich dem Leben hinzuwenden, Energie zu empfangen; Ausatmen heißt, loszulassen, abzugeben. Unser menschlicher Mikrokosmos wird eins mit dem unbegrenzten Makrokosmos – Werden, Sterben, Neuwerden. Das ist die Ausgangsbasis für heilende Wandlung, für Ganzwerdung. Verspannung wird zu Entspannung, Enge zu Weite und Freiheit. Angst wandelt sich in strömende Lebensenergie, in befreiende Liebe. Das Gleichgewicht zwischen Aus- und Einatmen spiegelt unsere Harmonie zwischen unserer Innen- und Außenwelt, zwischen Nehmen und Geben.

Der erwachsene Mensch atmet pro Minute im Durchschnitt vierzehn- bis sechzehnmal. Pro Jahr ergeben das etwa 8400000 Atemzüge aus der «Prana-Quelle», die wir mehr oder weniger bewußt zu uns nehmen. In meinen Kursen und Seminaren werde ich manchmal gefragt, ob jemand «richtig» atmet. Es gibt kein «richtig» oder «falsch». Es gibt nur «bewußtes» oder «unbewußtes» Atmen. Wenn wir uns der Qualität unseres Atems, unseres Atempotentials bewußt werden wollen, ist *bewußtes* Atmen zunächst einmal das wichtigste. Allein das aufmerksame Beobachten unseres Atems löst unerwartete, heilende Veränderungen aus. Unsere Körperwahrnehmung wird erhöht, und mehr und mehr entdecken wir das Zusammenspiel von Körper, Seele, Geist.

Wer bewußt atmet und bereit ist, sich auf tiefe Atem-Erfahrungen einzulassen, kann darüber hinaus fühlen, daß alles im Universum atmet: Pflanzen, Tiere, Menschen, die Erde, die gesamte Flora und Fauna. Er kann früher oder später den

Atem als rhythmischen Lebens-Puls der gesamten manifestierten Schöpfung wahrnehmen: ein-aus-ein-aus. Er erkennt, daß jedes Lebewesen seinen eigenen Atem-Rhythmus hat und sich mit jeder Ein- und Ausatmung erneuert. Und er kann den Atem wie ein lebenslanges «Schöpfungs-Gebet» erleben, ein ewiges, pulsierendes, nonverbales Gebet. Eine zeitlose, rhythmische Musik, die in die Körper aller Lebewesen ein- und ausströmt. Ich nehme unsere Atemorgane manchmal wie kostbare Musikinstrumente wahr, deren Zustand, besser gesagt – deren Gesundheit, zum großen Teil von unserem bewußten Atem beeinflußt werden kann. Wir atmen jeden Augenblick – von der Geburt bis zum Tod. Wenn wir uns immer wieder an diese Tatsache erinnern und darüber hinaus unseren Atem als Möglichkeit zur Herzensöffnung und Bewußtseinsentfaltung erkennen, ist seine heilende und transformierende Kraft und Wirkung nicht zu unterschätzen.

Das Liebesspiel mit dem Schöpfer

Die ungeheure Kraft, das Geheimnis des Atems, ist seit Jahrtausenden bekannt, ebenso die zahlreichen Techniken, die zu verschiedenen Erfahrungen führen und mit denen sich verschiedene Ergebnisse erzielen lassen: von der Steigerung körperlicher Vitalität und Gesundheit über die Auflösung psychischer Blockaden zur Hellsichtig- und Hellfühligkeit bis zur Entfaltung unseres Menschseins, unseres Bewußtseins und unseres Potentials, bis hin zur höchsten Gotteserfahrung. In den alten Hochkulturen in Ägypten, im Vorderen Orient bei den Sufis, aber auch in Indien und anderen asiatischen Ländern wurde der Atem als etwas Heiliges betrachtet. Die Lehre des Atems war eine Geheimlehre, in die nur jene Personen eingeweiht wurden, die einen entsprechenden Reifegrad erreicht hatten und die es verstanden, verantwortungsbewußt mit Lebensenergie umzugehen.

Seit der Wiederentdeckung verschiedener alternativer Heilmethoden wird dem Atem in den letzten Jahrzehnten besondere Bedeutung beigemessen. Die Atemtherapie ist heute sowohl eine begleitende als auch eine selbständige Heilmethode. Dabei ist bei allen Atemmethoden *bewußtes Atmen* der Schlüssel zu holistischer Gesundheit, zu einer Ausgewogenheit von Körper, Seele und Geist. Verbunden mit der Kraft der Gedanken und der Macht der Vorstellung ist der Atem eines der wirkungsvollsten Instrumente, um unser menschliches Potential in allen Bereichen unseres Da-Seins zu leben. Er ist das Medium zur «Initiation ins Leben», für jeden Menschen erfahrbar, der sich dem Atem wirklich öffnet.

Wenn wir uns dem belebenden und heilenden Fluß unseres Atems hingeben, wenn wir Prana – die Urlebensenergie – bewußt in uns einströmen lassen, dann beantwortet der Atem selbst alle Fragen, die wir an ihn haben. Er bietet uns sein größtes Geschenk, er verrät uns sein tiefstes Geheimnis, das wir in keinem Weisheits-Buch der Welt mit noch so faszinierenden Worten finden können – jenes Geheimnis, das hinter allen Techniken, hinter allen Konzepten, Dogmen und Religionen verborgen darauf wartet, wiederentdeckt zu werden: *die Initiation ins Leben, die Erfahrung unserer selbst, der Kontakt mit unserem Ursprung.*

Der Atem führt uns als Lebensreisebegleiter, als unser intimster und weisester Lehrer zur Quelle unseres Da-Seins und von dort wieder nach außen, in dem Maße, in dem wir bereit sind, uns auf das Leben und damit auf die Liebe, einzulassen. Und auf dieser «Initiations-Reise» können wir den Atem wie einen Geliebten erfahren, wie einen ewigen, bedingungslos Liebenden, der immer zur Verfügung steht, ob wir nach Außen oder nach Innen reisen. Er verbindet uns mit unserem *inneren Geliebten,* der immer war, immer ist und immer sein wird... im Zentrum unseres Herzens, im Herzen jeder Körperzelle, in der Tiefe unserer Seele. Ich erlebe das Atmen manchmal wie ein befreiendes, bedingungsloses «Liebesspiel mit dem Schöpfer», in mir und durch mich, der nicht fragt: Wann, wo, warum, wie oft und wie lange? Er ist einfach – überall und jederzeit. Und er durchdringt alles. Dabei löst er alles Krankhafte, alles Festgefahrene, alles Unbewußte und Begrenzende auf. Er ist frei von Konzepten, frei von Erwartungen und Illusionen. Er kennt weder Dogmen noch Normen noch Konfessionen noch Konventionen. Und er kennt kein Gesetz, kein Alter, kein Geschlecht, keine Rasse. Er führt unmittelbar in die Freiheit. Und das bedeutet: *Atem-Befreiung – ein Hauch von Ewigkeit.*

Transformation des Herzens – die Alchimie des Körpers

Ich Bin der, der die Frage nach mir
in deinem Herzen entstehen läßt.
Ich kann niemals sterben.
Das Universum ist mein Herz und mein Körper.
Und jedes menschliche Herz und jeder menschliche
Körper ist mein Haus, in dem ich residiere...

Meher Baba

Welche Antwort würde Ihr Körper geben, wenn Sie ihn an dieser Stelle fragten: Wie kümmere ich mich um meinen «wertvollsten Lebens-Reisebegleiter», um mein kostbares lebendiges Haus? Behandle ich es bewußt oder unbewußt? Vielleicht wie einen Roboter, eine Maschine, die von selbst zu funktionieren hat? Welche Achtsamkeit, welche Anerkennung erweise ich meiner lebendigen, physischen Skulptur, geformt aus Billionen von Zellen, die zusammengefügt sind wie ein Wunder der Natur? Ein Orchester des Schöpfers in mir, in dem alle Instrumente ursprünglich geplant waren, harmonisch zusammenzuwirken und zu funktionieren, so daß die «Symphonie des Lebens» – die Schöpfung – pausenlos durch mich weitergespielt werden kann. Gelingt es mir dabei, mich mehr und mehr aus der Rolle der hilflosen Marionette, der Opferrolle, zu befreien und mich schrittweise zum bewußten und kreativen Mitspieler und Mitschöpfer zu entfalten?

Wieviel Zeit und Geld, wieviel Pflege – innerlich und äußerlich, wieviel Respekt, welche Achtsamkeit und Liebe schenke ich diesem Wunderwerk der Schöpfung – meinem Körper – im Gegensatz zu Häusern aus Stein oder Beton, zu Wohnungen, zu Automobilen aus Blech? In welches Haus investiere ich mehr? Welches Haus, welches Fahrzeug vernachlässige ich mehr, es sei denn, Krankheit, Schmerz oder Unwohlsein klopfen an die Türe meines «lebendigen Hauses» aus Fleisch und Blut? Und wenn ich meinen aus lebendigen Körperzellen zusammengefügten Wohnsitz, mein Fahrzeug aus Knochen, Muskeln und Körpergewebe, das mit mir überallhin reist, unbewußt und unachtsam, ohne Mitgefühl behandle – welche Einstellung habe ich zu meiner Umgebung? Welche Achtsamkeit erweise ich meinem Lebenspartner, meiner Familie, der Natur, der Erde, von deren Boden ich genährt werde – und der Welt überhaupt? Wie steht es um mein globales Bewußtsein, mein Mitgefühl mit allen Lebewesen? Es gibt da keinen Unterschied, keine Trennung.

In Kontakt mit meinem Körper zu sein bedeutet genauso, in Kontakt mit meiner Wahrheit zu sein, mit meiner Seele, mit meinem Geist. Und das heißt – lebendig zu sein, aus meinem Herzen zu leben. Angespannte, verkrampfte Teile des Körpers fühlen sich kalt, starr und leblos an. Verspannungen sind Panzer, mit denen wir uns gegen unsere ureigenen Bedürfnisse und gegen die Umwelt abschirmen. Die meisten Menschen leben vorwiegend im Kopf. Wer ist sich wirklich bewußt, was unterhalb seines Halses geschieht? Wer spürt wirklich seinen Atem, seine Qualität und seine Kapazität? Wann und wie oft sind wir uns unserer Beine und Füße bewußt? Wir wissen, daß es sie gibt, benutzen sie aber lediglich als mechanische Stützen.

Unser Körper ist die Bilanz unseres bisherigen Lebens. Er ist die greif- und sichtbare Schöpfung unseres gelebten oder nicht gelebten Bewußtseins. Seine Verfassung, seine Gesundheit, seine Lebendigkeit reflektieren unsere Bewußtheit und unsere Einstellung zum Leben, zu unseren Mitmenschen, zu allem, was existiert. Der Körper ist der Spiegel unserer Seele, unserer Persönlichkeit, unserer Stärken und Schwächen. Wenn wir uns nackt gegenüberstehen, gibt er uns die konkrete und ehrliche Antwort auf die Frage: Wie bin ich? Wie denke ich? Wie fühle ich? Wie spreche ich? Bin ich im Einklang mit mir, mit meinem Herzen, mit meinem Körper und mit der Welt, oder lebe ich getrennt von der Welt und von mir?

Die *Fünf Riten* unterstützen uns, Disharmonien und Blockaden, die diese Trennung verursachen, aufzuspüren und allmählich aufzulösen. Dabei kann es geschehen, daß wir die Ursache unserer «Vertreibung aus dem Paradies» im Innersten unseres Körpers entdecken: eine Verlassenheit, eine Sehnsucht in den tiefsten Räumen unseres Herzens. Und wenn wir Mut haben und ehrlich zu uns selbst sind, erkennen wir sogar, daß wir selbst es waren, die sich von unserem Körper, von unserer Seele und von unseren Gefühlen getrennt haben. Die *Fünf Riten* und andere Atem- und Energieübungen unterstützen uns, diese Trennung schrittweise aufzuheben, so daß wir uns allmählich wieder mit uns selbst verbinden können, daß es uns möglich wird, uns selbst zu akzeptieren und zu lieben. Und das bedeutet Freiheit, Freude, Kraft und grenzenlos fließende Lebensenergie.

Während der verschiedenen Stationen unserer «Heimkehr» erleben wir, daß unser Körper und unser Atem tiefliegende Fragen beantwortet. Und auf einmal kann es geschehen, daß wir unser «Mini-Universum» – unseren Körper – als Abbild des «Großen Universums» wahrnehmen. Wir werden uns der kreativen Intelligenz bewußt, die in jeder unserer Körperzellen, bis zum Knochenmark und zum innersten Zentrum unseres Herzens zu Hause ist. Es ist dieselbe schöpferische Intelligenz, die im gesamten Universum wirkt und unseren Körper aus ihrer Essenz geformt hat. Sie ist außen und innen, oben und unten. Sie ist Licht, aber sie ist genauso im Schatten, in unserer dumpfen Unbewußtheit und Negativität verborgen. Sie ist das Licht und die Energie, die sich durch uns wieder befreien und entfalten möchte. Wenn wir uns mit ihr vertraut machen, wenn wir uns ihrer heilenden und ordnenden Präsenz hingeben, können wir sie als grenzenlose Liebe erkennen, Liebe, die immer war, die immer ist und immer sein wird. Sie ist die Essenz unseres Körpers, unseres Atems, unseres Bewußtseins. Mit anderen Worten – das «Königreich des Himmels» ist genauso in uns – in jedem Winkel unseres Körpers, in jeder Zelle, im innersten Raum unseres Herzens. Dort können wir die «Vertreibung aus dem Paradies» erlösen, unseren menschlichen Urschmerz des Verlassenseins lindern. Es ist die Erkenntnis: daß wir in Wirklichkeit nie vertrieben und verlassen worden sind, sondern daß wir uns immer nur selbst verloren und verlassen haben, indem wir unseren Körper von unserer Seele abgespalten, unser Herz verschlossen und vom klaren Geist unseres Bewußtseins getrennt haben.

Seither leben wir häufig einen seelenlosen Alltag durch einen genauso unbewußten Körper mit vergrabenen Gefühlen und Herzen. Die *Fünf Riten* sind eine der Möglichkeiten, die uns unterstützen, wieder nach Hause zu reisen, wieder wir selbst zu werden und uns durch unseren Körper zu leben.

> «Das Paradies ist auf der Erde. Wir können es in jeder Minute, durch unsere Zustimmung oder unsere Verweigerung dem Leben, dem Licht gegenüber, neu schaffen und genauso wieder zerstören», erklärt Aurobindo. «In jedem Teilchen, in jedem Atom der Materie und in unserem Körper lebt versteckt die ganze Allwissenheit des Ewigen. Der Körper muß dieses Wissen entdecken, seine Fähigkeiten wiedererkennen, die gewöhnlich durch unsere intellektuellen Tätigkeiten verdeckt werden ... Unsere physische Form ist der verwirklichte Gedanke des Schöpfers in uns ... Der Himmel liegt in der Tiefe der Materie, im Herzen der Erde, im Herzen des menschlichen Körpers ... Und in diesem Bewußtsein gibt es keine Entfernung mehr, keine Zeit, keine Trennung zwischen den Körpern. Alles ist eins ... Unser Körper ist der evolutionäre Schmelztiegel, in dem Gott seinen neuen Menschen schaffen will. Er ist das Instrument spiritueller Transformation ... Das ist das Yoga der Zellen.»*

Um Begriffe wie globales Bewußtsein, kosmisches Bewußtsein oder Einheitsbewußtsein wenigstens im Ansatz zu er-

* Mira Alfassa (die «Mutter»). Ausführlicher zitiert in: M. Magyarosy, *Ich finde mich.*

fahren, ist die Reise in den eigenen Körper, ins eigene Gehirn, die Reise in die Tiefe unseres Herzens – kurz –, die Reise in unseren eigenen Mikrokosmos unerläßlich. In uns beginnt der erste Ansatz zur Transformation. In uns beginnt die Wandlung. In uns und aus uns heraus beginnen die ersten befreienden Schritte, die schließlich zu einer erweiterten Sicht von Innen und Außen, von Mikrokosmos und Makrokosmos, bis hin zu einem ganzheitlichen Überblick führen. Die Erkenntnis verschiedener, vermeintlich unvereinbarer Aspekte in uns ermöglicht uns die Aussöhnung und die Verbindung unserer Polaritäten, die Integration der Dualität in uns. Dort in den tiefsten Schichten unseres Körpers, verkapselt in dichtester Materie unseres Gewebes und unserer Knochen, können wir unser «verlorenes Paradies», das von uns verlassene Wissen wieder neu entdecken und freisetzen. Die Verbindung unserer beiden Hälften, die Versöhnung der Polarität in uns ist die Ausgangsbasis zu einer Verbindung von Ost und West, von Wissenschaft und Spiritualität, von intellektuellem Wissen, von kreativer Intelligenz und der inneren Weisheit unseres Herzens.

Unser Körper – verdichteter Gedanke des Schöpfers

«Eine unbegrenzte Welt, ein universales Bewußtsein, will sich einkörpern in diese deine biologische Welt. Dein Körper ist das Verbindungsglied zwischen Himmel und Erde. Du findest deine Bestimmung, indem du dir dieser Aufgabe bewußt wirst. Nur so kannst du dich erlösen ...

> Aus Angst vor eurer Größe, vor eurer Unsterblichkeit und der dadurch bedingten Unbegrenztheit hinter eurem Schein haltet ihr doch an diesem fest. Ihr werdet so lange sterben, bis ihr erkennt, daß euer menschlicher Körper ein Ort höchster Befreiung ist ... Der Tod ist das NEIN gegen die höchste Sonne der Wahrheit ... Gesundheit, Krankheit und Tod haben in uns ihren Ursprung. Sie sind das Ergebnis davon, wie jeder von uns die Welt sieht. In dem Augenblick, in dem wir unsere Betrachtungsweise ändern, können wir alle Begriffe und damit alle Wirklichkeiten von Leben, Alter und Sterblichkeit ändern und schließlich die letzte Wirklichkeit, die Unsterblichkeit, erkennen», erklärt Aurobindo, einer der größten Weisheitslehrer der Welt.*

Der Mensch als Krone der Schöpfung hat die Fähigkeit und den freien Willen zu denken. Wir erschaffen etwas immer zuerst in gedanklicher Form. Jeder Verwirklichung geht ein Gedanke oder eine Idee voraus. Die Idee ist wie ein Plan. Sie erschafft ein Bild von der Form. Gedanken sind wie lebendige Wesen. Sie entfalten sich wie die Pflanze aus dem Samenkorn. Sie sind keimfähig. Das heißt – sie haben eine formgebende Kraft. Sie sind wie elektrische Impulse in unserem Gehirn – meß- und fühlbar für empfindsame Menschen. Sie strahlen durch uns, wirken auf uns selbst und unsere Umgebung. So, wie jedes Samenkorn sich zur Pflanze entfaltet, so drängt es jeden Gedanken und jedes Bild – entsprechend seiner Intensität und Kraft –, sich früher oder spä-

* Sri Aurobindo. Ausführlicher zitiert in: M. Magyarosy, *Vom Ozean zum Gipfel.*

ter zu verwirklichen. Sowohl Pflanzen wie auch Gedanken, Bilder und Worte unterliegen dem geistigen Gesetz von Aussaat und Ernte, von Ursache und Wirkung.

Unser menschliches Denkvermögen, unsere kreative Fähigkeit der Vorstellung und unsere Sprache sind ein großes Geschenk, dem eine gewaltige Macht zugrunde liegt. Wir können mit unseren Gedanken, Worten und Handlungen Disharmonie, Unordnung und Heilung bewirken – in uns und um uns herum. Es liegt an unserer Achtsamkeit und vor allem in unserer Verantwortung, bewußt damit umzugehen. Den meisten von uns erscheint Denken und das Aussprechen von Gedanken als etwas dermaßen Selbstverständliches, daß wir selten beachten, was wir wirklich aussagen, wenn wir sprechen. Doch wundern wir uns über das Ergebnis – ob positiv oder negativ. Häufig sind wir überrascht über die Wirkung, deren Ursache uns unbewußt ist und die wir meistens im Außen suchen.

Gedankenstrukturen in unserem Kopf sind wie eine Bühneninszenierung in unserem Gehirn, durch das wir selbst – entsprechend unserer Bewußtheit – unser eigenes Lebensthema inszenieren. Der inhaltlich rote Faden unserer persönlichen Geschichte aus unterschiedlichsten Gedankenformen und den damit verbundenen Emotionen wird zum Leitmotiv unseres Lebens, egal ob die «Musik» gut oder schlecht, laut oder leise, negativ oder positiv ist. Die Kompositionen in unserem Gehirn, die Gefühle aus den empfindsamsten Räumen unserer Seele manifestieren sich in jedem Fall früher oder später durch unseren Körper im Außen, ob als unbewußtes Opfer oder als bewußter Schöpfer.

Wenn wir unser Bewußtsein und damit unseren Körper weiterhin mit «negativer» Gedankenergie – wie einen Computer – pausenlos programmieren, verhindern wir die Erneuerung unseres Körpers und die Transformation unseres Herzens. Wenn wir aber die Einstellung über uns und zu uns selbst ändern und durch aufbauende Gedanken, Worte und Bilder mit unserer Seele und unserem Körper kommunizieren, können wir unsere Gefühle beeinflussen und unsere Zellen neu programmieren, darüber hinaus – alle unsere Organe, Knochen, Muskeln, unsere Gewebe, unser Gehirn, alles, was unsere physische Form ausmacht.

Die Wechselwirkungen zwischen Körper, Herz und Geist kann jeder von uns deutlich wahrnehmen, entsprechend unserer jeweiligen Bewußtheit. Die Sprache als Brücke, als «Wortführer» von Körper, Geist und Herz ist ein wirksames Instrument, die heilende Verbindung zu ermöglichen, wenn wir sie bewußt und gezielt nutzen. Durch die Kraft unserer Gedanken und ausgesprochenen Worte, in Verbindung mit Bewegung und bewußter Atemlenkung können wir Energie so lenken, daß das Wort wie ein Pfeil mitten ins Ziel fliegt. Aus diesem Zentrum heraus können sich das vorgestellte Bild und das gedachte Wort, verbunden mit der Energie des Gefühls verwirklichen. Und das verändert unser Leben, unseren Körper innen und außen.

Zusammengefaßt: Gedankenkraft ist Schöpferkraft, in jeder Hinsicht – aufbauend oder zerstörerisch –, in allen Bereichen unseres Lebens. Alles Sicht-, Fühl- und Greifbare wurde von Gedanken geschaffen. Jeder Schöpfung gehen Ideen und Gedanken voraus. Je öfter und intensiver wir uns bestimmten Gedanken widmen, desto schneller werden sie sich realisieren. Unser augenblickliches Leben ist der Spiegel unserer Gedanken. Unsere Gedanken, unsere Sprache, unsere inneren Bilder und unsere Gefühle sind das Grundwerkzeug der Schöpfung. Sie ermöglichen uns, auszudrücken und in Form zu bringen, was in uns ist.

Alter, Tod und Krankheit aus Überzeugung

Die Macht, die unsere Gedanken und die daraus resultierenden Überzeugungen über uns haben, reicht weit über unser Gefühlsleben hinaus. Am sichtbarsten wird unser Körper von ihnen bestimmt. Man denke nur einmal an die unterschiedlichsten Erfahrungen des Alterns in verschiedenen Kulturen. Bei Untersuchungen über Lebensbedingungen in Gesellschaften, in denen Menschen auch im hohen Alter fit sind, in denen selbst Hundertjährige noch in kalten Flüssen schwimmen oder auf Pferden reiten, wurde festgestellt, daß es dort eine völlig andere Grundeinstellung zum Alter gibt. Es ist die Überzeugung, daß die Menschen mit zunehmendem Alter immer besser werden – weiser, verständnisvoller, über mehr Herzensqualitäten verfügen. Auch Status und Ansehen wachsen mit dem Alter. Jüngere blicken zu ihnen auf, ja beneiden sie oft sogar. Dort ist das Alter ein Lebensabschnitt, auf den man sich freut. Man nimmt als alter Mensch weiterhin voll und ganz am gesellschaftlichen Leben teil. Überzeugungen von einem Zusammenhang zwischen Alter, Krankheit und Verfall existieren nicht. Vergleicht man damit die Überzeugungen und Einstellungen, die bei uns über das Altern vorherrschen, kann einem angst und bange werden.

Deepak Chopra beschrieb einmal ein Experiment, das Mitte der achtziger Jahre an der Stanford-Universität (USA) gemacht wurde: Man brachte eine Gruppe siebzigjähriger Menschen für einige Wochen in eine Umgebung, die völlig an den fünfziger Jahren ausgerichtet war, mit der Auflage, die Gruppenmitglieder sollten so sein, wie sie vor dreißig Jahren waren und lebten. Alle Zeitungen und Zeitschriften, die es zu lesen gab, waren aus dieser Zeit. Man diskutierte über Chruschtschow, sah Filme dieser Epoche, trug Kleidung, die der damaligen Mode angemessen war, hörte Musik dieser Zeit, und so weiter. Zu Beginn und am Ende des Experiments wurden Körpergröße, Muskeldichte, Greifkraft, Fingerlänge, Blutdruck und viele andere körperliche Werte gemessen. Das Erstaunliche war, daß schon innerhalb weniger Wochen der Alterungsprozeß zurückgegangen war. Fingerlänge, Körpergröße, Greifkraft und Muskeldichte hatten zugenommen, der Blutdruck hatte sich stabilisiert. Menschen, die kaum noch fähig gewesen waren, sich selbst anzuziehen oder selbständig Nahrung zu sich zu nehmen, lehnten plötzlich jede Hilfe ab und bewegten sich ohne Mühe. Viele fühlten sich so energiegeladen, daß sie tanzen gehen wollten. Sie führten angeregte Unterhaltungen bis tief in die Nacht und wurden immer lebendiger. Und das alles nur, weil sie sich dem Glauben hingaben, sie seien dreißig Jahre jünger.

«Das Sterben ins Leben ist das wahre Geheimnis», sagte mir einmal ein bekannter Sufi-Meister; und «Leben heißt Lieben. Und Lieben heißt Loslassen, Mitschwingen, Fließen mit allen Veränderungen.» Denken ist verdichteter Geist, Körper ist verdichtetes Denken. Deshalb ist unser Körper im höchsten Sinne Geist. Und – er ist das Ergebnis unserer Überzeugungen. Jede einzelne Überzeugung, jeder Standpunkt, jedes Gefühl, jede Vorstellung – ob positiv oder negativ – beeinflußt unser körperliches Erleben, unser körperliches, seelisches, geistiges Wohlbefinden. Ein bewußter, wacher Umgang mit Überzeugungen, mit Vorstellungen, mit Gefühlen und vor allem mit der Sprache kann unsere Herzensqualität wandeln, unseren Körper verändern. Die in unseren Körperzellen und DNA gespeicherten Informationen können durch bestimmte Reize – zum Beispiel durch die *Fünf Riten* in Verbindung mit Atem und Affirmationen wieder aktiviert werden. Informationen aus der tiefen Weisheit unseres Körpers können angezapft und an den Geist zurückgeleitet werden. Die Folge ist, daß Einsichten wachgerufen werden, verschüttetes Wissen aus unserer «lebendigen Bibliothek», das darauf wartet, sich wieder offenbaren zu dürfen. Wirkliches Wissen kann nur aus der Tiefe unseres Körpers und seines Bewußtseins, aus dem Raum unseres Herzens abgerufen und neu verinnerlicht werden. Alles andere ist Information für den Intellekt. Theoretisches Wissen läßt sich so lange nicht verinnerlichen und verwirklichen, solange wir uns nicht erlauben, Unbewußtes als tiefsitzende, verschüttete körpereigene Information wieder bewußtzumachen und neu zu ver-*körpern*.

In dem Augenblick, in dem sich unser Körper seiner ihm innewohnenden Weisheit und der kreativen Intelligenz seines Geistes wieder bewußt wird, ist es ihm möglich, seine Struktur zu reorganisieren und zu erneuern. Die erneuerte Struktur beinhaltet die verschiedenen Ebenen, die unsere Ganzheit ausmachen: eine gesunde physische Form mit all ihren reinen Flüssigkeiten und Lebenssäften, eine vertiefte Gefühls- und Herzensebene, eine erhöhte Wahrnehmung unserer fünf Sinne (Sehen, Riechen, Hören, Schmecken,

Tasten), ein geschärfter Intellekt und ein wacher, klarer Geist. Die Erneuerung von körpereigener Substanz, das Freiwerden körpereigener Intelligenz, von Informationen aus unseren Zellen und DNA führt zur Metamorphose. Und das bedeutet die Neustrukturierung von Materie und den darüberliegenden Schichten. Gleichzeitig werden alte Blockaden aufgelöst und Programmierungen gelöscht. Die «Vertreibung aus dem Paradies», unsere Urwunde und die Angst der Trennung, die damit verbunden ist – die Trennung von uns selbst, von unseren Mitmenschen, von der Welt –, wird aufgehoben, in dem Maße, in dem wir unser inneres Potential wieder anzapfen, unsere körpereigene Intelligenz und unsere Herzensweisheit aktivieren und entfalten. Dann können wir wieder *nach Hause* kommen. Der Weg führt über unser lebendiges Haus, gebaut aus Billionen von Zellen, über unseren wertvollsten und intimsten Gefährten – den Körper. Dort – in ihm und durch ihn – können wir uns als «Krone der Schöpfung» erkennen, als den wahren Menschen, als der Ursprung, als das unbegrenzte Wesen, das wir immer waren, immer sind, immer sein werden.

Alchimie des Körpers, Transformation des Herzens bedeutet für mich das tiefe Er-*leben* ... Er-*lieben* ... Er-*leiben* ... der höchsten Schöpferkraft in jeder Zelle, in jedem Winkel und mit jeder Faser meines Körpers. Es bedeutet, meinen Körper von der leuchtenden, diamantenen Essenz meines unbegrenzten Wesens durchdringen zu lassen, deren Substanz reine, absichtslose Liebe ist. Begleitet wird dieses Erleben häufig von strömender Dankbarkeit, mir selbst, der Schöpfung, dem ganzen Leben gegenüber. Die Tiefe und Erhabenheit dieser Dankbarkeit lassen sich mit Worten schwer beschreiben. Und dann kann es geschehen, daß ich mich innerhalb und durch meinen Körper – im Zentrum meines Wesens – mit der Essenz des Urschöpfers verbinde, mich als Teil des Urschöpfers erlebe, als die reine *Ich-Bin-Essenz* – verbunden mit allem, was ist ... zunächst für kurze Augenblicke, bis dieses Gewahrsein einmal zum ewigen Augenblick wird.

Ich Bin – das Erleben meines Ursprungs

Ich Bin, der Ich Bin. Ich Bin ohne Anfang und Ende,
ewig und unvergänglich.
Ich Bin an allen Orten und in allen Dingen,
und Ich Bin in jeder deiner Zellen.
Ich Bin auch jenseits von allen Orten und Dingen.
Ich Bin Vergangenheit, Gegenwart und Zukunft.
Ich Bin Weisheit, Macht und unendliche Glückseligkeit.
Ich Bin die Quelle der Wahrheit, der Fluß des Wissens,
der Ozean der Liebe.
*Ich Bin Parvardigar, der Ewig-Seiende …**

MEHER BABA

Swami Divyananda, ein traditioneller betager Yogi, bei dem ich längere Zeit in Rishikesh, Indien, und in Badrinath, am Ursprung des Ganges, lebte, sagte einmal zu mir, das Leben der meisten Menschen sei wie die Geschichte jenes Verzweifelten, der über Kontinente zieht auf der Suche nach seinem verlorenen Juwel, das er die ganze Zeit über in seinem Herzen trägt. Er meinte, es gäbe letztlich nichts zu tun, keinem Ziel nachzujagen, als uns wieder daran zu erinnern,

* zitiert in: Meher Baba, *Das Buch des Herzens.*

daß wir unser Juwel, das Elixier unserer Unsterblichkeit niemals verloren haben. Es gibt kein Ziel zu erreichen! Wir selbst sind das Ziel! Wir selbst sind das Juwel! Und das ist ewig. Es ist nicht etwas Neues, das entdeckt werden muß. Es ist unser Urzustand.

Für die buddhistischen Lamas ist der menschliche Körper das Juwel des Geistes, mit und durch den sich ihr Geist entfalten kann, um das Prinzip des grenzenlosen Mitgefühls für alle Lebewesen in der Welt zu verwirklichen. «Alle Dinge entstehen zuerst in unserem Bewußtsein», erklärt der Dalai Lama. «Befreiung wird dadurch erlangt, daß wir das tiefste Wesen des Geistes selbst erkennen. Wir empfangen sie nicht von außen, und sie wird auch nicht von irgend jemand anderem verliehen. Da alle Bedingungen zur Befreiung *in uns* existieren, sollten wir die ‹Buddhaschaft› nicht anderswo suchen ... Die Veden – die Sanskritschriften überliefern: Was in uns ist, ist auch außerhalb von uns. Was außerhalb von uns ist, ist auch in uns. Derjenige, welcher einen Unterschied sieht zwischen dem, was innen ist, und dem was außen ist, bewegt sich für immer von einem Tod zum nächsten ...»*

Der Buddhismus lehrt den Menschen, das Positive und das Negative in sich zu erkennen und damit Eigenverantwortung zu übernehmen. Ein jeder ist seines Schicksals eigener Schmied, sei es glücklich oder unglücklich, denn er steht nicht unter der Gewalt eines allmächtigen Gottes. Auf einer meiner Reisen nach Ladakh erklärte mir ein hoher Lama aus dem Hemis-Kloster, der größten Kloster-Anlage Ladakhs mit über fünfhundert praktizierenden buddhisti-

* Dalai Lama, *Botschaft des Friedens.*

schen Mönchen: «Wir Buddhisten haben viele Mönche und Gläubige, die den Buddhismus im Alltag *leben,* Mönche mit hohen philosophischen Studien einerseits, die nach innerer Erlösung streben, und die nichtstudierten Mönche und Praktizierenden, die sich durch ihren tiefen unreflektierten Glauben auszeichnen. Letztlich aber ist im Wesen alles leer. Es gibt dort keinen Unterschied mehr zwischen Objekt und Subjekt. Alles ist gleich. Der Mensch wird zu seinem eigenen Ziel – die Buddhaschaft. Das bedeutet – ein Buddha, ein Bodhisattva oder ein Weltling sind im Grunde ihres Wesens nicht getrennt. Die Erwachten sind sich dieser Einheit bewußt. Der Weltling aber glaubt noch an die absolute Individualität seines Wesens. Für einen Buddhisten gilt es, diese Unwissenheit zu überwinden, um das Große Einssein von allem zu erkennen und zu erfahren.»

Ein gemeinsames Erbe

WER BIN ICH? Diese Frage ist die einfachste Methode, in die Wirklichkeit, die hinter allen Formen verborgen ist, einzutauchen, wo auch immer, wann auch immer, was und wie immer wir denken, fühlen, sprechen und handeln. Zwei Worte – *ICH BIN* – sind wie ein Pfeil, der den Kern unseres Wesens trifft, unseren Ursprung – die Wirklichkeit, die ich bin. Sie ist innen und außen, durch keine Formen begrenzt. Das erste Mal, als ich diese überwältigende Erfahrung des Eins-Seins mit der Schöpfung erlebte, geschah zusammen mit Swami Divyananda, hoch oben in den Himalajas. Wir hatten eine lange Wanderung unternommen, schweigend, in viertausend Meter Höhe. Ich war in einem losgelösten Zustand, kein Lärm, keine Menschenmassen, rundherum Weite und die majestätischen, schneebedeckten Berggiganten. Und auf einmal war mir, als ob die Berge, die Hügel davor, die ganze Natur, der blaue Himmel über mir und sogar der grenzenlose Horizont hinter den Bergen zu mir sprächen. Es waren keine Worte im herkömmlichen Sinne. Es war wie eine Art energetischer Impulse, die aus der Erde in mich strömten und aus dem Raum, aus der Natur um mich herum ein Wissen in mir aktivierten – ein Wissen, das immer schon da war, ewig präsent ist und jetzt in diesem Augenblick Erinnerungen in mir wachrief:

«Nur wenn du bereit bist, dich mit mir zu verbinden, dich meinen Heilkräften zu öffnen und dich bewußt von der Kraft meiner Früchte nähren zu lassen, kannst du mich wirklich begreifen... Hast du vergessen, daß du ein Teil von mir bist, aus derselben Essenz geboren? Du kannst nicht getrennt von mir existieren. Wir haben ein gemeinsames Erbe – du und ich, Mutter Erde und ihr Männer und Frauen und eure Kinder und Kindeskinder. Wir haben ein Erbe durch die Geschichte der Welt, durch alle Kulturen und Nationen, seit Anbeginn der Schöpfung. Wir sind Körper und Energie, aus Staub, Wasser, Feuer. Wir atmen dieselbe Luft. Wir existieren durch denselben Hauch des Geistes, der dich, die Menschen aller Kontinente und mich belebt ... Wir sind keine isolierte Ganzheit. So, wie die universelle Lebensenergie durch euren Atem eure Körper belebt und bewegt, so strömt mein Lebenselixier – mein Atem – als Prana aus meinen Pflanzen – Bäumen, Blumen, Blüten und Früchten – aus meinen Gewässern – aus meinen Quellen, Flüssen, Ozeanen. Ihr behandelt meinen Körper unbewußt, genauso wie die meisten von euch ihre eigenen Körper. Ihr stolpert unachtsam über meinen Boden, über meine Haut. Spürt ihr nicht die Kraft aus meinen Felsen und Bergen, aus meinen Wiesen, aus all meinen Poren zu euch sprechen? Bemerkt ihr nicht die Energie, die meine Gewässer durch meine Adern strömen läßt? Hört ihr nicht das Dröhnen des Feuers, das in der Höhle meines Bauches schwelt? Könnt ihr nicht erkennen, daß ich durch dieselben fünf Elemente existiere, daß ich über dieselben Energiezentren verfüge, wie euer menschlicher Organismus, und daß euer menschlicher Organismus – euer Körper – wiederum nur durch mich existiert...?»

Und in diesem Augenblick wurde mir plötzlich bewußt: Es ist das *ICH BIN* – der Schöpfungsklang – das OM aus dem unbegrenzten Herzen des Universums, der Hauch und der Ton, aus dem die Schöpfung geboren ist. Es ist die reine *ICH-BIN-Essenz,* die höchste kreative Intelligenz, das kristallklare Wesen des Geistes, das unseren blauen Planeten, alle Planeten im Universum und alle Dinge und Lebewesen des Universums durchdringt – ewig präsent. Im Spiel ihrer eigenen Schöpfung kommuniziert sie mit sich selbst, begegnet sich durch alle Zeiten und Formen hindurch, immer wieder neu. Sie bewegt und entfaltet sich durch alle Mineralien, Pflanzen, Tiere, Menschen, durch alle anderen Planeten im Universum – über den Atem, in allen Formen, Farben, Klängen und Sprachen. *ICH BIN* ist das unbegrenzte Wissen, das zu allen Zeiten, in allen Kulturen, in allen Kontinenten, in allen Sprachen der Welt, auf allen Ebenen gleichzeitig existiert. Vom kleinsten Partikel bis zum sichtbaren Horizont und darüber hinaus. Sie ist ebenso die Weisheit und das Wissen, das tief in meinem Körper, in jedem seiner Atome, im Herzen meines Herzens verborgen ist – als der Schöpfersame, der in und durch jeden Menschen nach Befreiung, nach Leben und nach Entfaltung drängt, so wie der Pflanzensame aus der Erde.

Shangri-La – eine Ebene des Bewußtseins

ICH BIN – oder das *OM* aus dem Sanskrit – ist der Urklang, der mich dieser absoluten Wahrheit – meinem Ursprung – näherbringt. Der Wahrheit, die im Kern jeder einzelnen Zelle meines Körpers, im Zentrum meines Herzens und im Herzen aller Lebewesen präsent ist. Jede Reise – ob nach Indien, Tibet, USA, zu einem Meister oder wohin auch immer, jeder Weg, jede Richtung und jedes Fahrzeug führt mich früher oder später dorthin. Ich entscheide den Weg. Ich wähle die Mittel. Ich bestimme das Fahrzeug. Welche Richtung und welche Methode auch immer ich wähle, ob nach Osten oder Westen, Norden oder Süden, ob zu einem geliebten Menschen – ich reise letztlich immer zu mir selbst, in meinen eigenen Körper, um mir dort im Zentrum meines Herzens wiederzubegegnen, um mich dort mit Himmel und Erde zu verbinden und mich mit mir selbst und mit allem, was ist, auszusöhnen. Dort – im Zentrum meines Da-Seins – beginnt und dort endet jede Reise. Es ist das Alpha und das Omega meines Lebens.

Noch ist mein Körper die Trennwand zwischen dem Innen und Außen, Oben und Unten. Doch wenn ich tief in mein Inneres tauche, dort, wo ich zu Hause bin, kann ich alle Gesetze des Universums als meine eigenen wiedererkennen. Dieses Erleben geschieht ausschließlich durch meine Übergabe an den Schöpfer in mir, durch die Hingabe meiner Persönlichkeit, meines Körpers und meines Herzens an meine *ICH-BIN*-Präsenz, an das grenzenlose Gewahrsein, das alles durchdringt und alles verbindet. Und diese Hingabe, beziehungsweise Übergabe ist der wichtigste Schlüssel, der alle verschlossenen Tore zu meiner Innen- und Außenwelt wieder öffnet. Es ist die Brücke zu Himmel und Erde, vom persönlichen Bewußtsein zum Überbewußtsein und wieder zurück. Alle Gedanken, Worte, Wünsche und Gefühle, alle Ziele münden in diesem unendlichen Raum des Einen. Und dort einmal angelangt, entdecke ich plötzlich, daß es gar keine Trennung mehr gibt zwischen einem *Shangri-La* im Außen, in Tibet, und dem Shangri-La in mir. Shangri-La ist eine Ebene des Bewußtseins in mir, ein Raum in meinem Herzen. Es ist ein Seinszustand, in dem es nichts mehr zu wünschen oder vorzustellen gibt, weil schon alles da ist. Es ist der Raum der Leere und grenzenlosen Weite, gleichzeitig der überströmenden Fülle. Es ist der Zustand des Freiseins. Es ist das Wissen und das absolute Vertrauen, daß immer alles da ist und mir jederzeit zur Verfügung steht, was immer ich in meiner persönlichen Welt brauche.

Das kleine Ich geht ein in das große *ICH BIN* – mit all seinen Zielen und Erwartungen. Dort bin ich zu Hause, dort, wo mein kleines Ich mit dem Ur-Schöpfer verschmilzt, wieder eins wird. Und nur auf dieser Ebene kann ich mit meinen inneren Gesetzen kreieren, was mir gefällt. Es ist der Raum, in dem die heilende Aussöhnung von Geist und Materie, von Himmel und Erde, von allen Polaritäten wie von selbst geschieht – in jedem Winkel meines Körpers mit jeder Faser meines Bewußtseins. Dort erlebe ich den Ursprung intensivster Glückseligkeit, grenzenloser, kraftvoller Liebe und unendliche Freude und Freiheit, verbunden mit dem bedingungslosen Vertrauen und dem absoluten Wissen, daß *alles immer zur richtigen Zeit am richtigen Ort erfolgreich geschieht.*

TEIL II

Von der Information zur unmittelbaren Erfahrung. Vom Wissen zum befreienden Erleben

---

Der Himmel ist mein Vater.
Die Erde ist meine Mutter.
Das, was sich dazwischen ausdehnt, ist mein Körper,
und das, was mich bewegt, ist dasselbe Elixier,
aus dem das ganze Leben geboren ist
und das alles, was IST, am Leben hält …
Daher sind alle Lebewesen im Herzen meine Brüder
und meine Schwestern …

Praktischer Übungsteil

Die Wahrheit der Liebe kann nur
im Körper erfahren werden.
Derjenige, der die Wahrheit
des Körpers realisiert,
hat Zugang zu höchster Glückseligkeit –
Mahasukkha ...

AUS TANTRISCHEN SCHRIFTEN

Beseelte Körper, verkörperte Liebe

Vor einiger Zeit fragte mich einmal leicht ironisch und provokativ einer meiner Seminarteilnehmer, ob ich annähme, daß die *Fünf Riten* etwa das Tor ins Nirvana seien! Nachdem er seit nunmehr zehn Jahren von meinen Kursen und Seminaren «profitiere», wundere er sich, warum ich diese Energieübungen so hervorhöbe. Das sei doch das Einfachste, was es gibt, und längst nichts Neues mehr. Übungen, die sogar jeder «Anfänger» sofort verstehen und nachvollziehen könne. Damit hatte er den Punkt getroffen. Er hatte tatsächlich recht! Nachdem ich ein Vierteljahrhundert durch Ost und West gereist bin, unterschiedlichste Informationen, Theorien und praktische Techniken gesammelt und mir angeeignet habe, komme ich heute auf das Allereinfachste zurück. Ich ertappte mich gerade dabei, ihn von der Kraft des Einfach-*Sein* überzeugen zu wollen. Doch dann kam plötzlich nur ein Satz: «Das Zen des Holzhackens – bewußt, aber absichtslos im Augenblick durchgeführt – ist effektiver als die schwierigste Technik mechanisch zu kopieren und zweckgebunden nachzuvollziehen ...» Bei unserer nächsten Begegnung drückte ich ihm ein Buch in die Hand. Ich hatte es vor Jahren – während der Zeiten meines «Guru-Shopping» – einmal geschenkt bekommen, als ich noch quer über den Globus jagte, um meine Wissens- und Erleuchtungsgier zu befriedigen. Darin steht: «Der Erleuchtung ist es egal, wie du sie erlangst.»

Wir westlichen Menschen «tun» meistens etwas, um ein Ziel zu erreichen, egal auf welchem Gebiet. Wir streben unterschiedliche Wirkungen an, die wir uns wünschen und die man uns über Bücher oder in Kursen und Seminaren verspricht. Wir üben meistens zweckgebunden. Wir sind während des Übens nicht leer. Wir sind voller Gedanken, Erwartungen, Bedingungen und Vorstellungen – gebunden, gefesselt an eine Absicht: *wenn – dann* ... Die Erfüllung geschieht ohnehin als angenehme Begleiterscheinung. Doch ein wirklich tiefes meditatives Erleben unseres *Selbst* – unserer höheren Wahrheit – innerhalb unseres Körpers, geht verloren, wenn wir nur an unserer Absicht festhalten. Wir verfehlen die herrliche Freiheit des Augenblicks, in dem jedes Ziel unwesentlich wird, während wir ehrgeizig und mit verschlossenen Herzen den «Belohnungs-Bonbons» am Ziel nachjagen. Das *Selbst* wohnt nicht im Reich der Gedanken, der Bedingungen und des Ehrgeizes. Es ist in der

Lücke zwischen unseren Gedanken zu Hause. Und in dieser Lücke, in diesem Leerraum, flüstert uns die kosmische Psyche leise etwas zu, etwas, was wir mit dem Intellekt allein niemals erfassen können. Es ist die Sprache unserer Intuition:

Zeitgebundenes, *bedingtes Bewußt-Sein*
während des Übens der Fünf Riten,
sowie aller anderen Methoden und Handlungen
in unserem Alltag liegt im Intellekt.
Es denkt.
Zeitloses, *absichtsloses Bewußtsein ruht im Herzen.*
Es fühlt.
Das Herz, das sich dabei öffnet,
kann das ganze Universum befreien.

Bei vielen Kurs- und Seminarteilnehmern, die in all den Jahren zu mir kamen, habe ich beobachtet, daß es ihnen nur schwer möglich war, das wirkliche Ziel hinter den vordergründigen Zielen zu erspüren. Sie konnten dem Geheimnis hinter dem zielorientierten Üben nicht auf die Spur kommen. Ihr Motiv war aussschließlich: *Tun* und *Haben.* Doch mit dieser begrenzten Einstellung kann das *Sein* und *Werden* nicht erlebt werden. Und das bezieht sich auf jede Lebenssituation, egal, was ich tue. Solange das *Tun* und *Haben* mit dem Sein und Werden nicht im Gleichgewicht ist, solange das *Haben* nur zum gierigen Haben-Wollen und zum leistungsorientierten Konsumzwang ausartet, wird das wahre Ziel, das hinter allen vordergründigen Zielen verborgen ist, verfehlt: die Leichtigkeit des Seins, Augenblicke von Unbeschwertheit, von Lebens-Freude, von Liebe ...

Vor einem Vierteljahrhundert bedeutete Meditation noch für mich, mich bei Kerzenlicht in halbdunklen Räumen mit Räucherwerk aus dem Leben herauszunehmen, weg vom Alltagsstreß mit seinen Belastungen, mit seinen möglichen und unmöglichen Herausforderungen. Heute – fünfundzwanzig Jahre später – hat sich meine Einstellung über den Weg des Yoga, über ein aktives Atem- und Körperbewußtseins-Training gewandelt: Meditation in Aktion – die Herausforderungen des Alltags sind mein Übungsfeld. Jeden Augenblick – immer wieder neu. Ich sehe sie wie Testsituationen im Umgang mit Streß, Frust, Ärger. Nicht wie zu Beginn die Flucht in die Transzendenz, noch die Sucht nach Ruhe und Ungestört-Sein, sondern das JA zum Leben, in all seinen Schattierungen ist zum Leitmotiv geworden, obgleich es immer wieder neu schwerfällt, die Spielwiese der Ewigkeit in die Übungswiese des Alltags einzubringen, beide zu verbinden und in der Welt zu leben.

Auf diesem Weg war und ist mein Körper mein intimster Begleiter, mein engster und ehrlichster Berater. Er ist der weiseste Lehrmeister, der mir all die Jahre schonungslos signalisierte, wie er von mir behandelt werden möchte, was ich tun soll, damit ich durch und mit ihm am glücklichsten leben kann. Unser westliches Erziehungssystem überläßt vorwiegend dem Kopf die Führung, auf Kosten der Weisheit aus den tieferen Schichten unseres Wesens. In der Relation, in der wir uns die Fesseln dieses indoktrinierten Wissens anziehen, verschütten wir die Freiheit, die Leichtigkeit und die Grenzenlosigkeit unseres *Selbst*. Wir unterdrücken unsere Spontanität, einmal absichtslos und bedingungslos etwas zu tun. Gleichzeitig verkümmert unsere körpereigene Intelligenz. Wir vergraben unsere Kreativität, unsere Lebensfreude in der Kammer unseres Herzens und ersticken ein tiefes, besser gesagt, hohes Wissen, das im Atomkern jeder Zelle unseres Körpers, in jeder Faser unseres Bewußtsein zu Hause ist.

In den westlichen Traditionen ist der Körper häufig als Widersacher und Hindernis auf dem Weg zur Ganzheit betrachtet worden, während beispielsweise hinduistische und buddhistische Tantriker ihren Körper als einen heiligen Tempel mit neun Toren zum Ort der Seligkeit erkennen und verehren, indem sie die Weisheit des Lebens entdecken können. Die *Fünf Riten* und andere in diesem Buch vorgestellte Methoden – regelmäßig, konsequent und möglichst absichtslos durchgeführt – ermöglichen uns im Laufe der Zeit ein völlig neues *Körperbewußt-Sein,* eine vertiefte Herzenserfahrung.

Es ist mir ein großes Anliegen in meiner Arbeit über den Weg des Körpers und des Atems, dem Übenden die unmittelbare Erfahrung zu ermöglichen, sich *im* Körper zu erleben, um zu entdecken, *wer* wir sind: unser «Schöpfer-Sein» im Herzen unseres Körpers. Es fällt mir immer wieder schwer, über etwas grundsätzlich Nicht-Verbales zu sprechen und zu schreiben, obgleich es innerhalb «fleischlicher» Form geschieht. Geht es doch darum, das tiefe Wissen um unser Sein und Werden innerhalb unseres Körpers aufzuspüren und in dieser Welt zu verwirklichen und zu leben.

Die Einfachheit der *Fünf Riten* und anderer Methoden in diesem Teil des Buches sind dabei eine höchst willkommene Möglichkeit. Sie sind eine wirkungsvolle aktive Körpermeditation, eine Chance, sich *innerhalb* unseres Körpers zu erleben. Sie führen zu einer vertieften Körpererfahrung und darüber hinaus zu einer bewußten, lebendigen *Da-Seins*-Erfahrung. Somit können wir ganz anders *im* und *durch* den Körper mit dem Leben in Verbindung treten. Denn je bewußter wir uns innerhalb unseres Körpers erspüren, unser wertvollstes Haus bis in jeden Winkel beleben und bewohnen, desto bewußter erleben und erfühlen wir auch unsere Umgebung, bis wir schließlich einmal so transparent und durchlässig werden, daß es keinen Unterschied, keine Trennung mehr gibt zwischen innen und außen. Dann sind wir überall zu Hause – in uns und im Herzen der gesamten Schöpfung, verbunden mit allem, was ist. Gleichzeitig erleben wir, *daß wir nicht nur einen Körper haben, sondern, daß wir Körper sind, daß wir beseelte Körper und lebendige verkörperte Liebe sind.*

Von äußerer Fitneß zu InnerFitneß

«In jedem menschlichen Körper schlummert Gott, der Schöpfer, als Embryo ... Und er hat nur einen Wunsch – erkannt und geboren zu werden», erklärt Deepak Chopra. Im folgenden finden Sie Hinweise, wie *äußere Fitneß* zu *InnerFitneß* wird. Oder mit anderen Worten: wie Sie den Schöpfer in jedem Winkel Ihres Körpers, im Schoß Ihres Herzens erfahren, verwirklichen und in der Welt leben können.

- Stimmen Sie sich kurz ein. Öffnen Sie sich, Ihr Herz, Ihr Bewußtsein, Ihren Körper. Erlauben Sie Ihrem Verstand, eine Zeitlang leer zu werden. Denn je ruhiger der Gedankenstrom ist, desto bewußter können Sie wahrnehmen, was in Ihnen geschieht.
- Der Schlüssel ist nicht das Tun und Machen, sondern das Wahrnehmen, das Wirken aus der Stille. Lassen Sie die

Bewegungen von innen nach außen fließen. Je entspannter und absichtsloser Sie üben, Leistungszwang und Zieldenken loslassen, desto tiefere Erfahrungen können Sie erleben.

- Lassen Sie sich von der Weisheit Ihres Körpers führen, nicht von Ihrem Intellekt. Unser Körper ist weiser als unsere Vorstellungen und Erwartungen, die wir von uns, von den Übungen und deren Wirkung haben.
- Spüren Sie bei Körper- und bei Atemübungen die Dehnung bis über Ihre Haut und darüber hinaus. Weiten Sie sich, so gut Sie können. Die Haut ist unser empfindsamstes Sinnesorgan. Als «nach außen gerichtetes Gehirn» ist sie gleichzeitig Sender und Empfänger von Informationen, Empfindungen und Emotionen. Erlauben Sie Ihrem Bewußtsein, sich durch Ihren Körper über Ihre Haut auszudehnen. Es ist möglich, versuchen Sie es.
- Üben Sie bewußt. Lassen Sie die Übungen nicht zu einem mechanischen Fitneß- und Leistungszwang werden. Bleiben Sie ganz im Hier und Jetzt, jeden Augenblick präsent während des Übens. Beobachten Sie, wie Ihr Geist immer wieder abschweift. Oder wie er vorauseilen will, ein Ziel im Außen zu erreichen, das wir bereits in und mit uns tragen.
- Erinnern Sie sich auch während des Übens daran, daß wir einen Körper haben, damit wir das Geheimnis des Lebens unmittelbar in und durch ihn erfahren können – wie auch über Atem- und Bewußseins-Übungen.
- Üben Sie weniger mit dem Kopf, sondern aus einem Raum des Geschehenlassens heraus, das heißt weniger vom Üben-Wollen, sondern mehr und mehr zum Üben-Lassen. Dann kann es geschehen, daß Sie erleben: Es ist der Schöp-

fer, der durch mich übt, der sich durch mich bewegt, atmet, handelt – nicht: «Ich mache.» Mehr und mehr können Sie erfahren, wie Sie selbst zur Übung werden, anstrengungslos, absichtslos. *InnerFitneß* und *äußere Fitneß* sind eins geworden. Es gibt keinen Unterschied mehr.

Zur Einstimmung – das Namaste*-Mudra

Wenn wir unseren Körper in ungewohnte Bewegungen, Haltungen und Atemrhythmen bringen, lösen wir auch im Gehirn Gedankenformen und Verhaltensmuster auf. Wir eröffnen uns neue Sichtweisen. Genauso ist es mit Mudras – das sind symbolische Gesten mit den Händen. Sie wirken auf bestimmte Gehirnregionen, die dort Veränderungen in Bewegung setzen. Darüber hinaus können sie verschiedene Bewußtseinszustände auslösen.

Das *Namaste-Mudra* – das Symbol der gefalteten Hände – finden wir in verschiedenen Kulturkreisen. Doch ist das tiefe Wissen, das sich dahinter verbirgt, verlorengegangen. Die rechte Hand symbolisiert das männliche Prinzip (linke Gehirnhälfte), die linke Hand das weibliche Prinzip (rechte Gehirnhälfte). Beide Hände symbolisieren die Dualität: Rechts – Links, Außen – Innen, Geist – Körper, Verstand-Herz, Intellekt – Intuition, Yang – Yin. Die beiden Hände stellen die negative und die positive Kraft des Universums dar, die sich gegenseitig bedingen. Diese beiden Prinzipien, die beiden scheinbar polaren Welten, sind nicht voneinander zu trennen. Das eine bedarf des anderen.

* gesprochen: «namasté»

Namaste – das bewußte Zusammenführen und Falten der Hände vor dem Herzen – regelmäßig durchgeführt – kann uns unterstützen, uns mit unseren scheinbar zwiespältigen Gegensätzen auszusöhnen. Es kann uns für Momente ein Bewußtsein von Stille und Geborgenheit, einen Augenblick von Eins-Sein ermöglichen. *Namaste* fördert die Harmonie von Denken, Fühlen, Sprechen und Handeln. Es unterstützt uns, uns mit unseren beiden getrennten Hälften wieder auszusöhnen. *Namaste* verbindet uns mit unserem Herzen.

Bringen Sie Ihre Handflächen zusammen, und führen Sie die gefalteten Hände zu Ihrem Herzen. Berühren Sie mit den übereinandergelegten Daumen Ihr Brustbein. Fühlen Sie, wie die Energien aus Ihren beiden Handflächen ineinanderströmen, sich durchdringen. Richten Sie jetzt Ihre Aufmerksamkeit in Ihr Herz-Chakra, und lassen Sie die Energie aus Ihren Händen dort hinströmen. Sie können dabei stehen oder sitzen. Das Mudra des Namaste ist eine kurze, wirkungsvolle und entspannende Meditation. Wenn Sie auch nur für drei Minuten so verweilen, während Sie tief und sanft atmen, werden Sie bereits eine beruhigende, wohltuende Wirkung verspüren.

Die *Fünf Riten* – eine Körpermeditation für jeden Tag

Die *Fünf Riten* können von jedermann/frau jeden Alters in zehn bis zwanzig Minuten täglich durchgeführt werden. Wie bereits Professor Robert Thurman erklärte, entstammen die Riten ursprünglich dem traditionellen Yoga-System. Es sind einfache klassische Hatha-Yoga-Stellungen. Sie wurden aus ihrer statischen Form gelöst und mit bewußter Atemlenkung in dynamische Bewegungsabläufe umgewandelt. Genauso wie das *Surya-Namaskar* – der klassische Sonnengruß, den der Raja von Aundh, nachdem er persönlich außergewöhnliche Erfahrungen damit erlebt hatte, in Indien in seinem Hof sowie in den Schulen seines Fürstentums einführen ließ. Von dort verbreitete er sich über ganz Indien und gelangte schließlich zu uns in den Westen. Die *Fünf Riten* sind – ähnlich wie das *Surya-Namaskar* – ein fließender Bewegungszyklus, der sich aus einzelnen statischen Hatha-Yoga-Stellungen zusammensetzt. Für mich liegt eines der Geheimnisse der erstaunlichen Wirkungen beider Übungsabläufe in der harmonischen Verbindung von bewußter Atemlenkung und geführter Bewegung.

Jahrhundertelang galten die *Fünf Riten* und der *Geheime Sechste* in tibetischen Klöstern als Geheimwissen für ein langes und gesundes Leben in geistiger Wachheit. Bis vor einigen Jahren – so heißt es – wurden sie nur mündlich und persönlich an ausgewählte Schüler weitergegeben. Besonders der *Geheime Sechste* ist ein Geheimtip, unsere Vitalkraft, unsere Sexualität zu aktivieren und sie mit unserem Herzen zu verbinden. Teilnehmer aus meinen Kursen und Seminaren, die die *Fünf Riten* mit der richtigen Einstellung durchführen, berichten über außergewöhnliche Erfahrungen in allen Bereichen ihres Lebens. Aufgrund meiner eigenen Erlebnisse und der vielen persönlichen Erfahrungsberichte mir vertrauter, bekannter Übender kann dieser einfache und doch so geheimnisumwitterte Übungszyklus auch heute noch eine Brücke in ein neues Leben bedeuten. Ein Leben voller Lebendigkeit und Freude, körperlicher, seelischer und geistiger Gesundheit und Wohlbefinden. Unsere Wahrnehmung wird erhöht, unsere Erlebnisfähigkeit intensiviert. Die *Fünf Riten* unterstützen uns, unseren Körper wieder mit unserem Bewußtsein zu verbinden, vorausgesetzt, daß wir uns einlassen, uns der universellen Lebensenergie – innerhalb und außerhalb von uns – zu öffnen und zu übergeben. Dann kann sie wieder frei in und durch uns strömen. Dabei geschieht es wie von selbst, daß unser Körper, unsere Seele und unser Geist aktiviert und verbunden werden. Körperliche, seelische, geistige Blockaden werden aufgelöst, und wir können mehr und mehr unser inneres Potential entfalten und uns dem Fluß des Lebens vertrauensvoll überlassen. Zusammengefaßt möchte ich wiederholen:

Mit der richtigen Einstellung durchgeführt,
sind Energieübungen wie die Fünf Riten
ein erneuerndes Lebenselixier für Körper, Geist und Seele.
Sie bahnen den Weg zu unserem Herzen
und öffnen Tore zu ungeahnten Horizonten.

Der Zehn-Punkte-Plan zum richtigen Üben

Folgende zehn Punkte sind zu beachten, damit Sie die unmittelbaren Wirkungen der *Fünf Riten* voll ausschöpfen können:

1. Üben Sie konsequent und möglichst täglich, um einen wirklichen Nutzen daraus zu ziehen. Finden Sie die geeignete Tageszeit für sich heraus.
2. Üben Sie jede Stellung zunächst dreimal. Steigern Sie jede Woche um zweimal, das heißt in der ersten Woche dreimal, in der zweiten Woche fünfmal, in der dritten Woche siebenmal, bis Sie 21 erreicht haben. Üben Sie nicht mehr. Und zwingen Sie sich zu nichts! Erlauben Sie der Weisheit Ihres Körpers herauszufinden, welche Anzahl jeweils für Sie die richtige ist.
3. Halten Sie die Reihenfolge der Übungen ein. Sie bauen aufeinander auf und ergänzen sich. Jede Bewegung – Streckung und Beugung – gleicht die vorhergehende aus.
4. Beachten Sie die korrekte Verbindung von bewußter Atmung und geführter Bewegung während der einzelnen Übungen. Achten Sie dabei auf die Gleichzeitigkeit des Bewegungsbeginns und der Atmung – niemals den Atem anhalten zwischen Ein- und Ausatmung. Atemansatz ist gleich Bewegungsansatz.

Ihr natürlicher Atemrhythmus führt die Bewegung. Lassen Sie den Atem weich, harmonisch und doch rhythmisch fließen, so daß die *»Tibeter«* wie ein Tanz von Atem und Bewegung ineinander übergehen. Finden Sie den für Sie geeigneten Rhythmus. Bei niedrigem Blutdruck empfiehlt es sich, schneller zu üben – mit rhythmischer Atemlenkung, bei hohem Blutdruck langsamer – mit sanfter Atemlenkung, wobei der Schwerpunkt auf der Ausatmung liegt.

5. Essen Sie zwei bis drei Stunden nichts Belastendes, bevor Sie mit den Übungen beginnen. Ein Glas Wasser mit ein paar Zitronentropfen fördert die Entschlackung während des Übens.
6. Vermeiden Sie angestrengtes Üben! Damit die *Fünf Riten* auf Körper, Seele und Geist wirken können, ist es wichtig, mit der richtigen Einstellung zu üben. Betrachten Sie die Übungen nicht als Mittel zum Zweck, noch als mechanische Technik, noch als Medizin.
7. Üben Sie bewußt. Lassen Sie die *Fünf Riten* nicht zum täglichen Fitneß-Zwang werden. Gehen Sie mit jeder Dehnung nur bis an die Grenze Ihrer Bewegungsfähigkeit. Parallel mit der Dehnung des Körpers weitet und entfaltet sich unsere Wahrnehmung, erhöht sich unsere Bewußtheit.
8. Um die *Fünf Riten* wie eine Körpermeditation durchführen zu können, empfehle ich, die Augen während des Übens geschlossen zu halten. Bleiben Sie mit Ihrer Aufmerksamkeit ausschließlich im Körper, beim Atem und bei Ihren Atemorganen.
9. Nach einiger Zeit regelmäßigen Übens können Sie die sieben Chakras in Ihre Beobachtung miteinbeziehen.

Wenn Sie Ihre Aufmerksamkeit und Ihren Atem vermehrt in Ihr Herz-Chakra lenken, erhöht sich die Frequenz Ihres Herzens, und es kann geschehen, daß Sie ungewöhnliche Herzenserfahrungen erleben. Doch erzwingen Sie nichts. Herzenserfahrungen können nur behutsam erfühlt, nicht erzwungen werden.

10. Entdecken Sie die *Fünf Riten* als eine Erfahrung Ihrer selbst. Dann kann es geschehen, daß Ihr Körper auf einmal, wie von selbst, von jener universellen Lebensenergie, die durch jede Faser Ihres Körper strömt, rhythmisch bewegt wird – und Sie darüber hinaus ungewöhnliche Lebensfreude und gesteigertes Wohlbefinden erleben.

Damit das Üben der *Fünf Riten* für Sie nicht zum mechanischen Alltagstrott wird, lesen Sie bitte folgende Beschreibung der Übungsabläufe mit den besonderen Hinweisen und speziellen Tips:

Erster Tibeter

Stehen Sie aufrecht. Ihre Füße sind parallel und stehen hüftbreit auseinander, die Knie sind leicht gebeugt. Legen Sie Ihre Handflächen zusammen, wie beim *Namaste-Mudra*, etwa fünfzig Zentimenter entfernt von Ihrem Körper. Richten Sie Ihre Aufmerksamkeit für einige Sekunden auf Ihre Körpermitte – zweites, drittes und viertes Chakra.

Mit der Einatmung breiten Sie bewußt und langsam Ihre Arme aus – wie ein Adler, der sich zum Flug vorbereitet –, Handflächen zeigen zum Boden. Lenken Sie Ihr Bewußtsein bis in Ihre Fingerspitzen. Fühlen Sie, wie Ihr

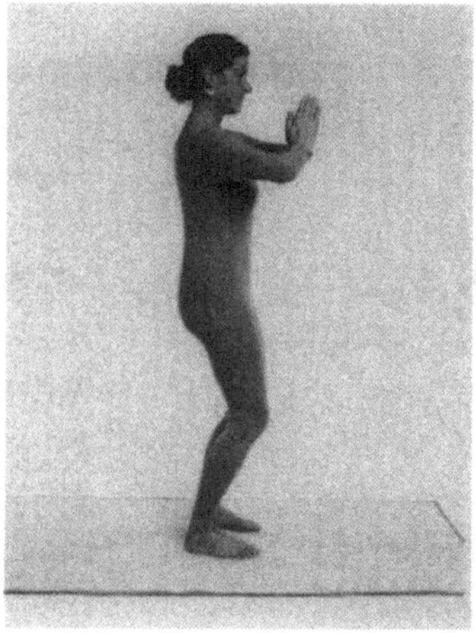

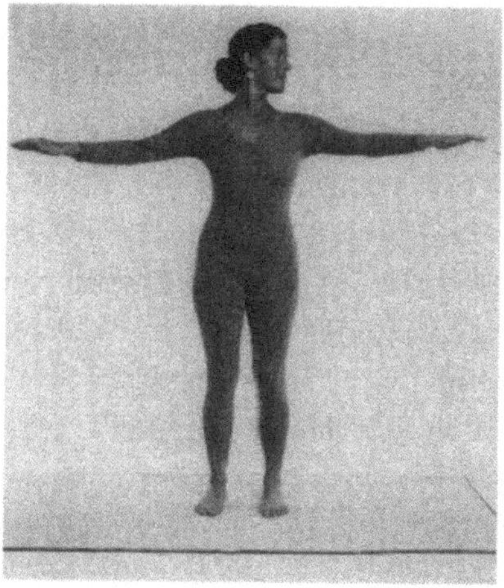

Brustraum sich öffnet, wie er von innen durch die Atmung und von außen durch die Dehnung der Arme geweitet wird, bis über die Haut. Ihr ganzer Körper streckt sich nach oben. Doch die Füße bleiben im Boden verwurzelt.

Fixieren Sie Ihren Blick auf einen Punkt in Augenhöhe gerade vor Ihnen. Beginnen Sie langsam, sich nach rechts zu drehen, in Uhrzeiger-Richtung. Halten Sie den Punkt so lange wie möglich im Blickfeld, während sich Ihr Körper weiterdreht. Wenden Sie dann blitzschnell den Kopf, und fixieren Sie nach jeder Drehung wieder Ihren Ausgangspunkt. Dieser Bezugspunkt hilft Ihnen, die Balance zu halten. Finden Sie die für Sie geeignete Drehgeschwindigkeit. Abschließend falten Sie wieder Ihre Hände wie zu Beginn. Lenken Sie Ihre Aufmerksamkeit auf die gefalteten Daumen und hinunter in Ihre Körpermitte – viertes, drittes und zweites Chakra, während Sie einige Male tief und sanft atmen. So gelingt es Ihnen, das Drehen zu beenden, ohne schwindelig zu werden.

Besondere Tips:

- Ich visualisiere während des Drehens meinen Körper wie eine Spirale, die Himmel und Erde verbindet, fest im Boden verankert, und sich rechtsdrehend aufwärts bewegt. Dabei streckt sich meine Wirbelsäule, so, als ob sie mit jeder Umdrehung mehr nach oben wächst. Mein Körper erlebt eine befreiende Leichtigkeit und wunderbare Schwerelosigkeit.
- Sollte Ihnen während des Drehens schwindelig werden, behalten Sie in jedem Fall die Augen offen. Verlangsamen

Sie Ihre Drehgeschwindigkeit, und konzentrieren Sie sich auf Ihren Atem und Ihre Körpermitte.

- Wenn Sie gerade mit den *Fünf Riten* beginnen, empfehle ich für die ersten Wochen nach jeder Übung eine Kurzentspannung, die etwa so lange dauert wie die Übung selbst. Dabei kann Ihr Körper die Wirkung der Übung integrieren und sich auf die nächste Übung einstimmen.

Zweiter Tibeter

Sie liegen flach auf dem Rücken. Als Unterlage dient ein Teppich, eine Matte oder eine Decke. Ihre Hände liegen rechts und links neben Ihrem Rumpf, mit den Handflächen zum Boden. Ihre Aufmerksamkeit ist beim ersten, zweiten, dritten und fünften Chakra. Beobachten Sie Ihren Atem.

Mit der Einatmung heben Sie den Kopf vom Boden. Dehnen Sie so gut wie möglich den Nacken, indem Sie das Kinn zur Brust ziehen. Gleichzeitig führen Sie Ihre Beine nach oben, die Knie sind so gut wie möglich durchgestreckt. Spannen Sie alle Muskeln an.

Mit der Ausatmung senken Sie Kopf und Beine gleichzeitig zum Boden, die Knie bleiben so gut wie möglich durchgestreckt. Entspannen Sie alle Muskeln.

Beachten Sie die korrekte Atemlenkung:

Einatmen – während Sie Kopf und Beine heben.

Ausatmen – während Sie sie wieder senken. Je tiefer und bewußter Sie atmen, desto besser!

Besondere Tips:

- Wenn Sie Ihre Hände während des Übens mit den Handflächen zum Boden unter Ihr Gesäß legen, fällt es leichter,

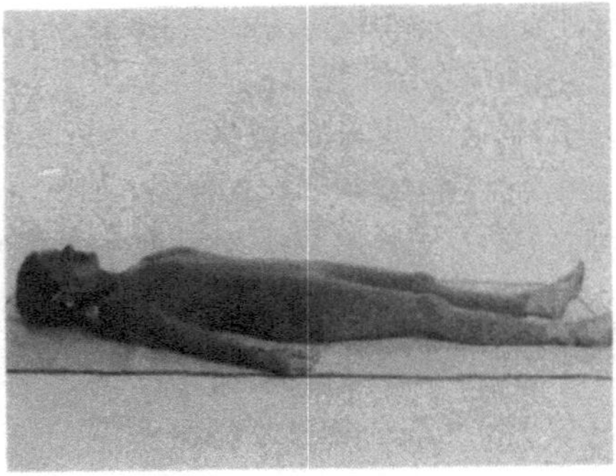

die Beine vom Boden zu heben. Falls Sie unter einem Hohlkreuz leiden, ist es wichtig, zuerst die Knie anzuwinkeln und dann die Beine nach oben zu bringen, kurz durchzustrecken und dann wieder angewinkelt abzulegen. Achten Sie darauf, daß besonders der untere Teil des Rückens während der ganzen Übung am Boden aufliegt – beim Hochheben der angewinkelten Beine sowie beim Ablegen. Das Abwinkeln der Beine entlastet die Lordose (Hohlkreuz) sowie die Muskulatur im Lendenwirbelbereich.

- Um die zweite Übung weniger anstrengend durchzuführen, empfehle ich nach jedem Ablegen der Beine einen tiefen Atemzug. Achten Sie darauf, besonders während der kompletten bewußten Ausatmung, in Ihrer Vorstellung alles loszulassen, was sich an überflüssigen Spannungen in Körper, Psyche und Geist angesammelt hat.
- Denken Sie an die Kurzentspannung, bevor Sie mit der dritten Übung beginnen.

Dritter Tibeter

Knien Sie sich mit aufrechtem Körper auf den Boden. Ihre Knie sind hüftbreit auseinander, die Zehen sind aufgestellt.

Mit der Ausatmung neigen Sie Ihren Kopf nach vorne, so daß der Nacken wieder vollkommen gedehnt ist. Bringen Sie dabei Ihr Kinn so nahe wie möglich zur Brust.

Mit der Einatmung richten Sie sich wieder kerzengerade auf. Dehnen Sie Ihren Nacken so gut wie möglich, bevor Sie sich langsam zurückbeugen. Stützen Sie mit Ihren Händen die Rückseite Ihrer Oberschenkel, direkt

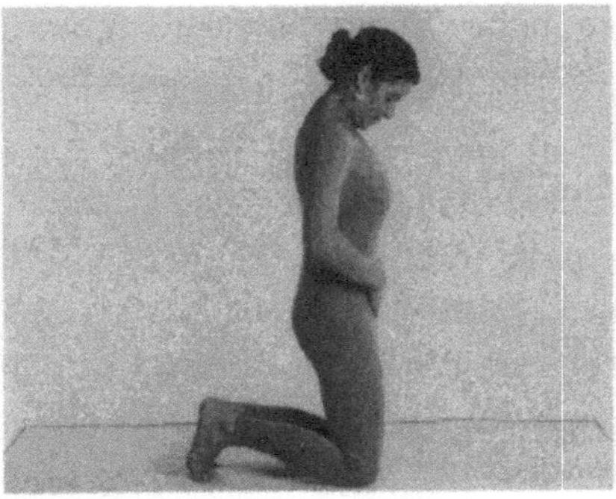
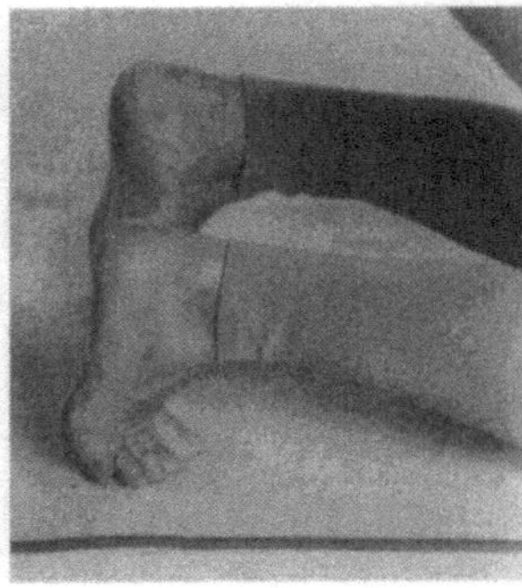

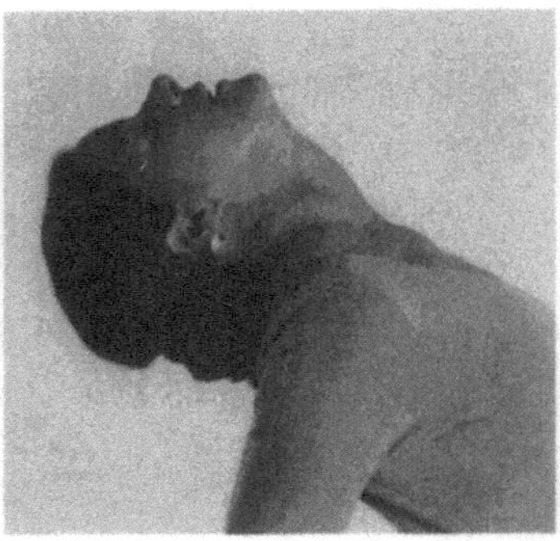

am Übergang zum Gesäß. Beginnen Sie mit der Rückenbeuge aus dem Brustraum, nicht aus dem Lendenbereich. Schieben Sie Ihr Becken nach vorne. Spannen Sie Ihr Gesäß so fest wie möglich an, um Verspannungen im Lendenbereich und Hohlkreuz vorzubeugen. Erst zum Schluß senken Sie behutsam Ihren Kopf nach hinten. Öffnen Sie leicht Ihren Mund, um einer Überaktivierung der Schilddrüse und Verspannungen im Unterkiefer zu vermeiden.

Mit der Ausatmung kommen Sie langsam zurück. Lösen Sie Ihre Hände, entspannen Sie Ihren Schulterbereich. Dehnen Sie auf jeden Fall zuerst Ihren Nacken, bevor Sie Ihr Kinn wieder zum Brustbein senken.

Beachten Sie die korrekte Atemführung:

Einatmen – während Sie sich nach hinten beugen.

Ausatmen – während Sie sich wieder aufrichten und den Kopf nach vorne beugen.

Ruhen Sie sich nach mehreren Durchgängen in der Embryo-Stellung aus: Bringen Sie Ihr Gesäß auf die Fersen, Stirn auf dem Boden, die Arme seitlich vom Körper. Atmen Sie sanft und bewußt in Ihren Rücken. Fühlen Sie, wie sich der Lenden- und Schulterbereich, Ihr ganzer Rücken während des Einatmens dehnt. Stellen Sie sich vor, wie sich Ihr Nacken, Ihr Becken- und Lendenbereich löst und entspannt während des Ausatmens. Bei Übungsanfängern sollte die Zeit für die Embryohaltung der Zeit für die vorangegangene Übung entsprechen.

Besondere Tips:

Folgende Variante ermöglicht eine vermehrte Dehnung des Brustraums. Die Thymusdrüse, die unser Immunsystem beeinflußt, wird angeregt, das Herz-Chakra und die damit verbundenen Qualitäten aktiviert: Legen Sie Ihre Handflächen auf Ihren Solarplexus. Richten Sie Ihre Wirbelsäule auf, den Nacken so gut wie möglich dehnen. Mit der Einatmung führen Sie Ihre Arme in einem weiten Kreis nach oben über den Kopf nach hinten. Ihre Hände kommen unter Ihr fest angespanntes Gesäß. Dehnen Sie die gesamte Vorderseite Ihres Körpers, ohne dabei ins Hohlkreuz zu fallen. Spannen Sie einen Bogen vom Schambein zum Brustbein, wie eine Brücke. Fühlen Sie, und stellen Sie sich vor, wie Sie sich der Welt kraft- und vertrauensvoll öffnen und hingeben, Ihr Herz bewußt weiten. Atmen Sie einmal tief durch in dieser Stellung. Denken Sie daran, Ihr Mund ist leicht geöffnet, der Unterkiefer locker. Mit der Ausatmung langsam zurückkommen, den Nacken wieder dehnen, das Kinn zum Brustbein.

Vierter Tibeter

Setzen Sie sich zurück auf den Boden. Richten Sie sich kerzengerade auf. Ihre Handflächen sind rechts und links neben Ihrem Körper auf dem Boden aufgestützt, parallel zu Ihrem Körper. Auch hier ist es wieder besonders wichtig, den Nacken zuerst zu dehnen, bevor Sie mit der Ausatmung das Kinn zum Brustbein führen.

Mit der *Einatmung* heben Sie sich mit der Kraft aus dem Becken nach oben. Erst anschließend lassen Sie Ihren Kopf behutsam nach hinten sinken, Mund wieder leicht öffnen, Unterkiefer locker. Die Arme bleiben durchgestreckt. Rumpf und Oberschenkel sollten eine gerade Linie bilden, parallel zum Boden, genauso Ihre Hände und Füße. Ihr Körpergewicht wird von Händen

und Füßen getragen und mit der Kraft aus Ihrem Becken gehalten. Spannen Sie alle Muskeln Ihres Körpers kurz an.

Mit der *Ausatmung* kehren Sie in die Ausgangsstellung zurück, während Sie die zuvor angespannten Muskeln wieder bewußt entspannen und lösen.

Beachten Sie die korrekte Atemführung:

Einatmen – während Sie Ihren Körper anheben.

Ausatmen – während Sie wieder zum Sitzen kommen, den Nacken dehnen und den Kopf nach vorne beugen.

Zum Ausgleich lassen Sie abschließend den Oberkörper nach vorne über die aufgestellten Beine hängen. Fühlen Sie auch hier (wie in der Embryostellung) während des Einatmens die Dehnung Ihres Beckenraums, insbesondere der Lendenwirbelsäule und des oberen Rückens. Während des Ausatmens stellen Sie sich vor, wie sich Ihr Lendenbereich und Ihre Halswirbelsäule mehr und mehr entspannen und lösen.

Besondere Tips:

- Falls Sie beim Hochkommen Schmerzen in Ihren Handgelenken verspüren, können Sie die Hände zu Fäusten geballt aufstützen, um die Handgelenke zu schonen.
- Auch der *Vierte Tibeter* ist eine Brückenvariation. Erlauben Sie sich – so gut wie möglich –, Ihre Leisten zu dehnen, Ihren Brustraum und Schulterbereich zu weiten. Vielleicht spüren Sie auch schon die Aktivierung und Öffnung des zweiten, dritten, vierten und fünften Chakras. Stellen Sie sich vor, wie Ihr Körper in dieser Haltung – wie eine Brücke als Symbol – vertrauensvoll Ihre Innenwelt mit der Außenwelt verbindet.
- Vertiefen Sie Ihr Vertrauen sich selbst und dem Leben ge-

genüber, was besonders durch die Öffnung der Vorderseite des Körpers und durch die hingebende Haltung des zurückgebeugten Kopfes bewirkt wird.

Fünfter Tibeter

Legen Sie sich auf den Bauch. Spüren Sie jetzt den Kontakt zur Erde. Stützen Sie sich mit den Handflächen in Brusthöhe auf den Boden. Hände und Füße sind etwa sechzig Zentimeter voneinander entfernt. Die Zehen sind aufgestellt. Ihre Stirn berührt den Boden. Ziehen Sie Ihr Kinn zum Brustbein, so daß die Muskulatur der Halswirbelsäule gedehnt wird. Heben Sie langsam Ihren Oberkörper nach oben, während Sie ausatmen. Weiten Sie Ihren Brustraum. Spüren Sie dabei die Aktivierung Ihres Herz-Chakras, Ihres Solarplexus. Öffnen Sie Ihren Mund, während Sie Ihren Kopf nach hinten sinken lassen (Kobra-Stellung). Fühlen Sie Ihr Kehl-Chakra. Ihr Mund ist leicht geöffnet, der Unterkiefer locker. Gleichzeitig spannen Sie Ihre Gesäßmuskulatur an, um Verspannungen im Lendenbereich vorzubeugen. Arme und Knie sind durchgestreckt. Fühlen Sie die aufsteigende Energie und Wärme in Ihrem Oberkörper.

Mit der Einatmung heben Sie sich mit der Kraft aus Ihrem Becken nach oben. Ihr Körper bildet ein umgedrehtes V (Hunde-Stellung). Bewegen Sie Ihr Gesäß so gut wie möglich nach oben und gleichzeitig nach hinten. Das bewirkt die gewünschte Dehnung im Lendenbereich. Gleichzeitig kann Energie und Wärme Ihren gesamten Beckenraum durchströmen. Ihre Hände und Füße bleiben unverändert. Ziehen Sie die Fersen so gut wie möglich in Richtung Boden. Bringen Sie Ihr Kinn zur Brust, so daß der Nacken wieder optimal gedehnt wird.

Mit der Ausatmung kehren Sie in die Ausgangsstellung zurück.

Beachten Sie die korrekte Atemführung:

Einatmen – während Sie den Körper hochheben.

Ausatmen – während Sie ihn senken.

Den *Fünften Tibeter* beenden Sie mit der Schlafstellung. Bleiben Sie in der Bauchlage. Ziehen Sie ein Bein angewinkelt zur Schulter hoch. Ihr Kopf liegt auf der Seite, mit dem Gesicht in Richtung auf das angewinkelte Bein. Der Arm derselben Seite liegt locker angewinkelt daneben. Der andere Arm bleibt parallel zum Körper. Nach etwa dreißig bis sechzig Sekunden wechseln Sie in dieselbe Stellung auf die andere Körperseite.

Mit jeder Ausatmung lassen Sie sich tiefer in den Boden sinken. Fühlen Sie die beschützende Kraft des Bodens unter sich.

Diese abschließende Position bewirkt eine entspannende Dehnung der Lendenwirbelsäule und der Muskulatur des Beckenraums. Sie ermöglicht ein intensives Spüren Ihres Körpers.

Horchen Sie in Ihren Körper hinein! Vielleicht bemerken Sie unmittelbar nach dem Üben bereits erste Wirkungen der *Fünf Riten.* Fühlt sich Ihr Körper jetzt anders an als vor dem Üben? Wie? Sind die Wirkungen jeden Tag gleich, oder ändern sie sich?

Besondere Tips:

- Wenn Sie weniger Zeit haben und eine vermehrte Entspannung der Lendenwirbelsäule wünschen, können Sie

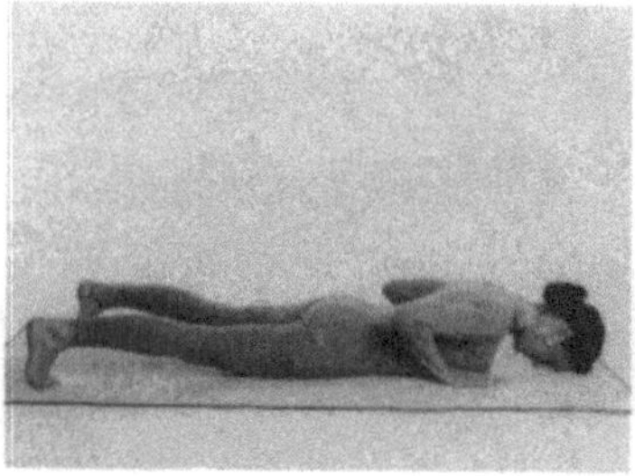

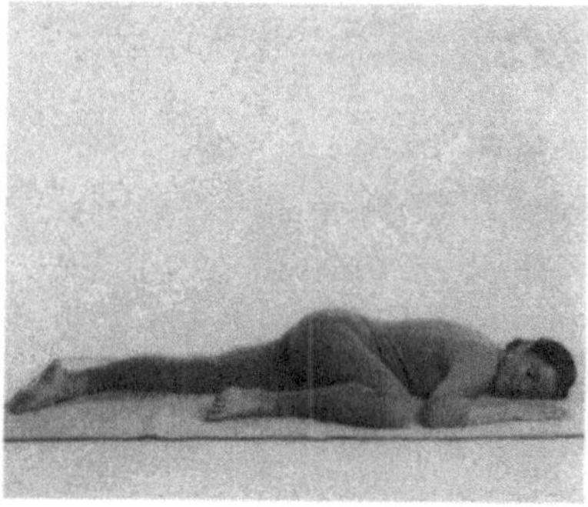

den *Fünften Tibeter* auch mit der Embryohaltung beenden, wie nach Stellung drei.

- Den *Fünften Tibeter* sollten Sie auf einer rutschfesten Unterlage durchführen. Sonst kann es geschehen, daß Sie während des Übens hauptsächlich damit beschäftigt sind, nicht wegzurutschen, und dabei Energie verschwenden, statt gewinnen.
- Öffnen und dehnen Sie in der Kobra-Stellung Ihren Brustraum. Lenken Sie Ihre Aufmerksamkeit besonders ins Herz-Chakra. Vielleicht können Sie nach einiger Zeit des Übens Weite, Wärme und einen Strom von Energie in Ihrem Brustraum wahrnehmen.
- Fühlen Sie genauso die Kraft und Stabilität Ihres Beckenraums in der Hunde-Stellung. Lenken Sie besonders in der Hunde-Stellung Ihre Aufmerksamkeit auf alle sieben Chakras entlang Ihrer Wirbelsäule – vom ersten Chakra am Steißbein bis zum siebten Chakra an der Krone des Kopfes.
- Wenn Sie die *Fünf Riten* über einen längeren Zeitraum geübt haben und mit den Bewegungsabläufen vertraut sind, können Sie sie mit folgenden Übungen, die Sie in diesem Buch finden, verbinden. Experimentieren Sie, welche Kombination sich für Sie jeweils am besten anfühlt:
- *Namaste* – vor dem Üben;
  Der G-Punkt des Herzens – während des Übens;
  Die Spirale – vor oder nach dem Üben;
  Die Ausdehnungsübung – nach dem Üben, beim Ausruhen;
  Der Tausendblättrige Lotus – während des *Ersten Tibeters;*
  Die lächelnde Zelle – nach dem Üben;
  Der Atem des Herzens – während des Übens;

Die Kunst des kreativen Affirmierens – während des Übens. Finden Sie die für Sie geeigneten Affirmationen. Verbinden Sie sie jeweils mit der Ein- und Ausatmung während des Übens der *Fünf Riten*.

Der *Geheime Sechste* und unsere sexuelle Energie

Der *Geheime Sechste* ist eine wunderbare Ergänzung zu den *Fünf Riten*. Er wurde den im Zölibat lebenden Mönchen empfohlen, um ihre Sexualität kontrollieren und überflüssigen Samenerguß vermeiden zu können. Ähnliche Übungen sind aus dem Yoga wie auch aus dem Taoismus bekannt. Sie wurden vor mehreren tausend Jahren als Geheimlehre weitergegeben. Yogis und Yoginis sowie alte Taoisten wußten damals bereits, daß der männliche Samen sowie das Scheidenfluidum der Frau kostbare Substanzen enthalten, die nicht überflüssig verschwendet werden sollen. Extremer Verlust führt zur Schwächung von Körper und Geist und damit zu frühzeitigem Altern und Tod.

In jedem Fall – *der Geheime Sechste* unterstützt Sie, bewußter und konzentrierter mit Ihrer Sexualenergie umzugehen. Er ist sowohl für Enthaltsame wie auch für jene gedacht, die ihre Sexualität genießen und doch offen und bereit sind, ihre sexuelle Energie als Schlüssel zur Lebensfreude und Ekstase zu entdecken. Als Einstieg in einen tantrischen Weg, Körper und Herz heilend zu verbinden und dabei gleichzeitig erhöhte Bewußtheit und erweiterte Wahrnehmung zu erleben. Und das bedeutet Einswerdung, Verschmelzung mit uns selbst, innerhalb unseres Körpers.

Genauso können wir aber gemeinsam mit und durch einen Partner eine befreiende Herzensöffnung, erweiterte Sicht und die Wahrnehmung von Verbunden-Sein mit allem, was ist, erleben – zwei Möglichkeiten, die Illusion schmerzhafter Trennung aufzuheben. Gelebte Sexualität und die sechste Übung schließen sich nicht aus. Allerdings sollte darauf geachtet werden, einige Stunden vor und nach dem Üben sexuell nicht aktiv zu sein.

Ob im Zölibat lebend oder nicht – der *Geheime Sechste* ist ein Jungbrunnen. Seine Wirkung ist nicht zu unterschätzen. Die Keimdrüsen und die Fortpflanzungsorgane bei Männern und Frauen werden gestärkt, das Sexualleben verbessert. Männer können ihre Ejakulation besser kontrollieren und dadurch das Liebesspiel verlängern. Doch wie erwähnt – einige Stunden vor und nach dem Üben sollte Geschlechtsverkehr vermieden werden.

1. Stellen Sie sich gerade hin, Füße in den Boden verwurzelt, etwa zehn Zentimeter auseinander. Ihre Hände sind in die Hüften gestützt. Atmen Sie voll und tief ein. Atmen Sie dann durch den Mund langsam aus. Hauchen Sie dabei ein leises O. Beugen Sie Ihren Rumpf nach vorne, beugen Sie die Knie, und stützen Sie sich mit den Händen an den Oberschenkeln ab. Wichtig – atmen Sie wirklich komplett aus. Das Kinn kommt zum Brustbein, Ihr Nacken wird gedehnt.
2. Halten Sie in dieser Stellung den Atem an, solange Sie können, ohne zu übertreiben. Der Bauch ist eingezogen. Kontrahieren Sie die Muskulatur Ihrer Dammgegend, während Sie sie nach innen und oben ziehen.

3. Richten Sie sich langsam wieder auf. Stützen Sie die Hände in die Hüften. Lassen Sie langsam von selbst den Atem wieder in Ihren Körper strömen, während Sie gleichzeitig Ihre Damm- und Bauchmuskulatur wieder entspannen. Atmen Sie anschließend zwei- bis dreimal normal.

Führen Sie diese Übung höchstens drei- bis fünfmal aus, dazwischen immer zwei bis drei normale Atemzüge.

Die ganzheitliche Wirkung der Fünf Riten

- Aus alten Texten geht hervor, daß die *Fünf Riten* ein altes Geheimnis, eine Quelle der Erneuerung und Langlebigkeit sind: Sie steigern unsere Vitalität, aktivieren unser kreatives Potential und unsere Energie bis ins hohe Alter. Sie sind bei weitem mehr als Gymnastik oder Fitneß-Training, denn sie bewirken außer körperlicher *äußerer Fitneß* auch seelisch-geistiges Wohlbefinden.
- Trotz ihrer Einfachheit haben die Übungen eine allumfassende körperlich belebende Wirkung – auf jede Zelle, auf jede Sehne, jeden Muskel, jedes Organ. Sie kräftigen und stabilisieren das gesamte Verdauungssystem. Das Herz wird gestärkt, der Blutdruck und die Blutzirkulation reguliert.
- Es wurde beobachtet, daß Übergewichtige abnehmen, körperlich und seelisch mehr Leichtigkeit und Beschwingtheit spüren, als Folge ein gesteigertes Selbstwertgefühl. Bei Untergewichtigen dagegen wird der Körper in seiner Ganzheit stärker, kräftiger, stabiler. Daß sich nach regelmäßigem Üben Appetit und Eßgewohnheiten von selbst ändern, berichten sowohl Über- wie auch Unterge-

wichtige, den jeweiligen Bedürfnissen Ihres Körpers entsprechend.

- Bereits nach fünf bis zehn Minuten täglichen Übens fühlen Sie sich frischer, aktiver und unternehmungslustiger, körperlich beweglicher und lebendiger, geistig wach und klar.
- Die Übungen bewirken «dynamische Entspannung», die nach regelmäßigem Üben zu einer sogenannten «entspannten Dynamik» im Alltagsleben führt. Bereits nach den ersten Runden wird das Prinzip des abwechselnden Dehnens und Streckens spürbar. Jeder Muskel, jede Sehne spannt und entspannt sich im rhythmischen Wechsel, was eine sogenannte «dynamische Entspannung» zur Folge hat.
- Die Kombination von fließender Bewegung und bewußter Atmung während des Übens fördert einen harmonischen Atemrhythmus. Die Dehnung der einzelnen Körperteile in verschiedene Richtungen in Verbindung mit bewußter Atmung fördert eine erhöhte Ausscheidung von Giften und Schlacken. Dabei sollte besonders immer auf komplette Ausatmung geachtet werden.
- Unser Atem wird vertieft, die Atemorgane gestärkt, das Nervensystem harmonisiert. Denn unser Atem, unsere Nerven sowie unsere Emotionen und Gefühle beeinflussen sich gegenseitig. Ein- und Ausatmung kommen ins Gleichgewicht. Und das wiederum unterstützt unser körperliches, seelisches, geistiges Gleichgewicht.
- Die Übungen fördern die Elastizität der Wirbelsäule. Die Wirbelsäule mit dem Zentralnervensystem als der Verlängerung des Gehirns ist jener wichtige Kanal, von dem aus Energie über die Nerven an die Zellen und Organe des Körpers weitergeleitet wird. Streß wird abgebaut. Depres-

sionen und die damit verbundenen körperlichen, seelischen und geistigen Symptome werden günstig beeinflußt.

- Nach längerem Üben wird die «Geheime Pforte» (siehe Übung die *Geheime Pforte öffnen*) am letzten Halswirbel aktiviert. Sie ist das Tor zu höherem Bewußtsein. Herz und Verstand, Körper und Geist, Intellekt und Intuition können wieder ins Gleichgewicht kommen.
- *Die Fünf Riten* durchbluten und aktivieren unser Gehirn. Die gesamte Funktion des Gehirns wird günstig beeinflußt. Die Kohärenz unserer Gehirnhälften wird erhöht. Die Ausschüttung unserer «Glückshormone», der Endorphine, die bekanntlich unser Wohlbefinden steigern und unsere Stimmung heben, wird erhöht.
- Die sieben Chakras, die sich entlang unserer Wirbelsäule befinden, werden aktiviert, harmonisiert und untereinander ausgeglichen, gleichzeitig die Funktion der mit den Chakras verbundenen Drüsen und deren Hormonausschüttung.
- Auch Frauen mit massiven Wechseljahre-Beschwerden haben über sehr gute Erfolge berichtet, nachdem sie die *Fünf Riten* eine Zeitlang regelmäßig geübt hatten, möglicherweise bedingt durch die Aktivierung und Harmonisierung der endokrinen Drüsen.
- Die Übungen aktivieren das Gedächtnis unserer Zellen sowie gespeicherte Informationen aus unseren DNA. Körpereigenes Wissen wird freigesetzt. Sie unterstützen uns, unseren Körper wieder mit unserem Bewußsein zu verbinden, vorausgesetzt, daß wir uns einlassen, unseren Körper der universellen Lebensenergie zu öffnen, uns von ihr durchdringen zu lassen.
- Im Laufe der Zeit erfahren wir ein erhöhtes Wahrneh-

mungsvermögen, eine neue wache Klarheit. Wir bewegen unseren Körper freier, leichter, koordinierter. Ein gesundes Selbstvertrauen, das dem Gefühl von innerer Lebensfülle entspringt, ermöglicht uns, die Welt mit geschärften Sinnen, aus einer erweiterten Sicht zu erleben.

- Die Übungen der *Fünf Riten* sind die körperliche Ausgangsbasis zu einer ganzheitlichen Erweiterung unseres Lebens, zu einer neuen Da-Seins-Erfahrung. Der Schlüssel ist weder das «Machen» noch das Erzwingen. Wir können es nur erlauben, indem wir uns öffnen und den Boden durch regelmäßiges Üben vorbereiten, unseren geistigen Horizont auszudehnen, unsere Bewußtheit zu erhöhen, unsere Herzensqualitäten zu entfalten.
- Doch die höchste Wirkung ist die unmittelbare Erfahrung, die sich hinter allen vordergründigen Wirkungen verbirgt. Es ist das letzte und wirkliche *Geheimnis* der *Fünf Riten*: Ich *gehe heim*, um innerhalb meines Körpers – im Herzen meines Da-Seins – mir selbst zu begegnen und mich dort mit meinem *Selbst*, mit meinem innersten Wesenskern, wieder zu verbinden.

Zusammenfassend läßt sich sagen:

Die Fünf Riten *haben trotz ihrer scheinbaren Einfachheit*
eine allumfassende ganzheitliche Wirkung, die nicht zu
unterschätzen ist – auf jede Zelle des Körpers, auf jede Sehne,
auf jeden Muskel, auf jeden Knochen, auf jedes Organ.
Sie erheben den Geist und beflügeln die Seele.
Sie öffnen und befreien das Herz …
Sie sind das Fahrzeug
zur Quelle unseres Lebens.

Herzenserfahrungen

> *Jeder von uns trägt die Welt in sich.*
> *Und alles, was in der sogenannten Welt geschieht,*
> *ist in Wirklichkeit ein Ereignis in dir...*
>
> MICHAEL BARNETT

Folgende Berichte sind Auszüge unmittelbarer Erfahrungen, ausgelöst durch die *Fünf Riten*. Es sind besonders berührende Erlebnisse, Erfahrungen von Teilnehmern aus meinen Kursen und Seminaren, die ich nach Rücksprache mit dem Leser teilen darf.

Miriam

Ich möchte Dir heute berichten, wie es mir mit dem OM ergangen ist. Das erste Mal hatten wir diesen kraftvollen Laut mit Dir – in einer unserer letzten Stunden – im Training rezitiert. Zunächst innerlich, jeder für sich, hattest Du uns empfohlen. Einatmen – OM... Als wir abschließend im Kreis saßen und alle gemeinsam in der Gruppe den Schöpferlaut sangen, fühlte ich zum ersten Mal die Kraft dieses magischen Wortes in Verbindung mit dem Atem. Es war, als ob mein ganzer Körper in eine Art Heilstrom eingebettet wurde – innen und außen. Der ganze Raum war durchdrungen von diesem Klang. Etwas in mir wurde aktiviert, geöffnet.

Eine Woche später übte ich alleine zu Hause. Ich legte das «Eternal OM» auf, stimmte mich ein und begann mit den *Riten*. Während des Übens konzentrierte ich mich gleichzeitig auf das OM. Bewußt öffnete ich noch mehr als sonst meinen Körper, meine Seele und mein Gehirn diesem kraftvollen Mantra und ließ es einströmen. Dann geschah etwas, was ich noch nie erlebt hatte. Es fühlte sich so an, als ob mein Körper zu einer Spirale wurde. Das Zentrum war im Bereich des Herz-Chakra. Dort geschah eine ganz tiefe innere Berührung, ein Angekommensein, wie ich es noch niemals zuvor erlebt hatte, nicht einmal in Beziehungen. Ich mußte einfach weinen. Es geht noch weiter: Nach einigen Minuten dehnte ich mich in alle Richtungen gleichzeitig aus. Dabei blieb ich in dieser tiefen inneren Berührung des Zu-Hause-Seins, während ich mich weiter und weiter in den Raum verströmte. Ich wurde zu dieser unergründlichen Tiefe und grenzenlosen Weite. Ich war tief in mir und weit, weit draußen – eine immer größer werdende Spirale. Wenn ich sage, eine «Spirale der Liebe», ist das ein Versuch, etwas sprachlich mitzuteilen, für das es gar keine Sprache gibt. Unbeschreiblich auch diese innere Freiheit, so etwas wie Erlösung, die zur selben Zeit da war. Eine Freiheit, ein Gefühl von Freisein, das ich mir für alle Menschen wünschte ...

(Miriam, 45 Jahre, Sozialpädagogin, Stuttgart)

Patrick

Aufgrund einer Sportverletzung an der Wirbelsäule war ich monatelang gezwungen, jede körperliche Tätigkeit zu reduzieren. In dieser Zeit fiel mir das Buch *Die Fünf »Tibeter«* in die Hände. Ich war wie elektrisiert, denn ich erkannte plötzlich verschiedene Hintergründe meiner Krankheit – die spezielle Lektion, die mir mein Körper mitteilte. Und etwas in mir wußte – das ist deine Heilchance, sobald du wirklich bereit bist, wieder zu leben, und zwar anders als bisher. Die *Fünf-»Tibeter«*-Ära begann für mich: Die ersten Wochen führte ich die Riten im Geiste durch. Ich konnte ja nicht anders. In meinem Training als Judoschüler hatte ich gelernt, nicht nur mit körperlicher Kraft, sondern auch mit der subtileren Kraft des Geistes und der Vorstellung zu «arbeiten». Die Übungen mental durchzuführen – wie eine tägliche Meditation – war für mich eine unbeschreibliche Erfahrung. Bereits in dieser Zeit merkte ich, wie sich meine Wirbelsäule veränderte. Ich konnte sie wieder fühlen, und zwar jeden einzelnen Wirbel, besonders die, die verletzt waren. Ich empfand dabei so etwas wie Mitgefühl und Achtung, zunächst für meine Wirbelsäule, dann für meinen ganzen Körper. Dieses Mitfühlen dehnte sich dann auf meine Mitmenschen und auf meine Umgebung aus. Ein neues Leben begann für mich. In diesen Wochen erkannte ich, daß all die Jahre meine körperliche Kraft im Vordergrund gestanden war.

Nach einiger Zeit begann ich dann wirklich mit den Übungen, zunächst drei, dann fünf – wie im Buch beschrieben. Drei Wochen später stand ich kerzengerade. Ich war wie neugeboren, konnte mich wieder frei bewegen, springen, laufen. Von anfangs drei Übungen am Tag war ich nach neun Wochen auf einundzwanzig. Ich hatte Energie wie nie zuvor, eine Lebens-Begeisterung und Freude, die mich total erfüllte und die ich in meinem bisherigen Leben nicht gekannt hatte. Ich hatte das Bedürfnis, sie mit allen Menschen zu teilen. Alles vibrierte und strahlte wie Sonnen um mich herum. Am meisten war ich überwältigt von der tiefen Dankbarkeit, die in mir aufstieg, mir, meinem Körper und dem ganzen Leben gegenüber ...

(Patrick, 38 Jahre, Judolehrer, Luxembourg)

Andreas

In der letzten Stunde hattest Du erwähnt, daß wir die Drehübung auch ganz zum Schluß durchführen können. Ich hatte gerade die vier anderen Übungen beendet. Es war mir gelungen, sie diesmal wirklich so bewußt und anstrengungslos wie möglich durchzuführen – wenig Gedanken, Aufmerksamkeit im Körper, tiefes, sanftes Atmen in Verbindung mit einer meiner liebsten Affirmationen, die ich auch häufig während des Joggens rezitiere: «Mein Körper ist schwerelos. Er wird von meinem Geist bewegt und getragen». Irgendwie hatte ich keine besondere Lust, die Drehübung noch anschließend durchzuführen. Doch schließlich stand ich auf und wollte gerade beginnen. Als ich die Arme ausbreitete, hatte ich plötzlich ein merkwürdiges Gefühl. Es ist mir beinahe unmöglich, es auszusprechen: «Mein Gott, so muß ja die ‹Himmelfahrt› sein!» Etwas Ähnliches hatte ich schon einmal im Qi-Gong-Unterricht erlebt. Ich blieb wie angewurzelt stehen, konnte mich weder drehen, noch vom Platz bewegen. Selbst der Atem schien stillzustehen. Die Arme zog es wie von selbst nach außen, höher und höher. Dann sah und fühlte ich in meiner Brusthöhle das Bild einer kleinen Wolke. Nach einigen Sekunden war mir, als ob mein ganzer Körper zu der Wolke wurde. Plötzlich wußte ich, ich kann mich beliebig kleiner und größer machen, was ich dann auch ausprobierte – ein unbeschreibliches Gefühl. Und dann diese Leichtigkeit des Körpers, wie Watte – hell, weich, transparent. Ich weiß nicht, wie lange ich so gestanden bin, bewegungslos. Irgendwann kam ein Gedanke: «Diesen Zustand möchte ich immer haben!» Das war dann das

Ende. Langsam verschwand er. Doch die Leichtigkeit des Körpers, der Zustand der Schwerelosigkeit blieb den ganzen Tag ... (Andreas, 46 Jahre, Masseur, München)

Eva

Ich war gerade mit dem Üben fertig. In den letzten Wochen praktiziere ich die *Riten* in meiner Kanzlei, auf einer rutschfesten Matte, immer wenn mir mehr Zeit zwischen zwei Klienten zur Verfügung steht. An einem der Tage hatte ein Klient abgesagt. Ich hatte eine ganze Stunde Freiraum. Langsam, bewußt und meditativ übte ich meine *Riten* und anschließend den «Atem des Herzens», den ich üblicherweise beim Einschlafen und Aufwachen praktiziere. Ich war gerade dabei, anstelle des Herzens mit dem «Auge zu fühlen». Da geschah etwas ganz Merkwürdiges. Zunächst wurde der Körper ein einziges Auge. Das Auge im Brustraum wurde mit jedem Atemzug größer, bis es die Form meines ganzen Körpers annahm. Es war so, als ob ich zum Auge der Unendlichkeit geworden sei, zum Auge des Universums, das Informationen innerhalb und außerhalb meines Körpers abrufen konnte. Ich war ein Auge, das alles sehen konnte. Es war aber ein anderes Sehen, als ich es bisher gewohnt war. Es war ein Sehen, das nichts mit dem Verstand zu tun hat. Ich habe so etwas in Büchern gelesen, aber selbst noch nie erlebt. Es dauerte Tage, bis ich diese Erfahrung einordnen konnte. Ich wollte auch mit niemandem darüber sprechen. In dieser Zeit habe ich tatsächlich alles anders gesehen und wahrgenommen. Plötzlich konnte ich hinter die Fassade meiner Klienten blicken. Ich nahm wahr, wie und wer sie wirklich waren und was sie vortäuschten zu sein ...

(Eva, 54 Jahre, Rechtsanwältin, Berlin)

Brigitte

Auf der Rückfahrt von München nach Mailand – am nächsten Morgen nach dem Training – hatte ich ein unvergeßliches Erlebnis. Ich blickte aus dem Fenster und sah plötzlich alles aus einer völlig veränderten Sicht. Die Farben der Herbstlandschaft waren von einer Intensität, wie ich sie zuvor niemals wahrgenommen habe. Das Licht der Sonne strömte von außen in meinen Körper, und ich fühlte, wie jede Zelle aufgeladen wurde ... es war wie ein kräftiger, warmer und doch zugleich sanfter heilender Strom, der von allen Seiten gleichzeitig in meinen Körper drang und sich kreisförmig drehte. Unmittelbar nach dem Brenner sah ich in den Bergen gigantische Gesichter, die zu sprechen schienen und die ein uraltes Wissen in mir wachriefen – Erinnerungen, die mich zutiefst berührten und erschütterten. Und plötzlich schien sich mein Körper und alle Formen um mich herum aufzulösen und doch zugleich eins mit allen Formen zu werden. Ein tiefes Glücksgefühl überkam mich. Ich wußte, «ich bin zu Hause». Die Stunden der mir sonst jedesmal zu langen Bahnfahrt vergingen wie ein Augenblick, denn auch die Zeit existierte jetzt nicht mehr. Es war einfach ein Sein, ein Augenblick unendlicher Stille, Friedens und Angekommenseins ...

(Brigitte, 52 Jahre, Ordensschwester, Mailand)

Harry

Es war ein schöner warmer Altweibersommertag. Ich war gerade dabei, wie Du uns wiederholt geraten hast, die *Fünf Riten,* immer wenn es möglich ist, in freier Natur unter einem Baum durchzuführen. Experimentierfreudig wie ich bin, blieb ich dieses Mal mit meinem Atem und mit meiner Aufmerksamkeit während des Übens ausschließlich im Herzen. Ich muß gestehen – ich habe den Atem und den Brustraum ausgedehnt wie nie zuvor. Es war, als ob mein Körper größer und größer wurde, aufgeblasen wie ein Ballon. Die Erfahrung faszinierte mich! Ein Teil von mir löste sich von dem Geschehen, wandelte sich zum Beobachter. Dann hatte ich das Gefühl, als ob mein Gehirn sich in alle Richtungen dehnte. Die rechte Gehirnhälfte wurde heller und heller und weiter. Die Beine wurden länger, die Füße schienen ins Unendliche zu wachsen. Und dann kam das Herz. Es war beim Ausruhen, beim Nachklingenlassen der *Riten*. Ich rollte mich auf den Rücken, blinzelte in die Blätter. Da war etwas, ob Worte oder Inspiration oder Impulse. Ich weiß es nicht. Ich nahm es mit offenen Augen wahr. Ich versuche, es Dir so gut wie möglich in Worten zu beschreiben. Obgleich Worte mir viel zu banal und begrenzt scheinen: Überlasse dich dem unbekannten Teil von dir, der so groß wie das Universum im Außen und gleichzeitig so winzig wie dein kleiner Fingernagel – tief in der Höhle deiner Brust – verborgen ist. Dort findest du jeden und alles. Von dort kreierst du dir alle Situationen in deinem Leben. Er enthält das tiefste Geheimnis für dich, für alle Menschen, das Mysterium des Menschseins. Die Reise dorthin – in diesen Raum – ist die einzige Reise, die es wert ist, wirklich unternommen zu werden. Und es ist so einfach, ein Augenblick, ein Impuls deiner Aufmerksamkeit, wieder und wieder ...

(Harry, 45 Jahre, Heilpraktiker und Atemtherapeut, Regensburg)

Der «G-Punkt» des Herzens – das befreiende JA

Wenn wir unsere Aufmerksamkeit nach innen richten, können wir uns, unser Leben und unsere Mitwelt aus einer anderen Sicht sehen und wahrnehmen.

Lenken Sie ein- bis zweimal pro Tag Ihre Aufmerksamkeit, gefolgt von Ihrer Energie, für ein bis zwei Minuten nur in Ihr Herz. Spüren Sie, ob Sie mit Ihrem Herzen Kontakt aufnehmen können. Fühlen Sie, wo es «lebt». Verbinden Sie sich mit seinem Rhythmus, mit seinem Pulsieren, mit seiner Kraft, mit seiner «Sprache», in der es zu Ihnen spricht. Antworten Sie mit einem innerlichen *JA*. Lassen Sie, so gut es

Ihnen jeweils gelingt, ein befreiendes *JA* aus der Tiefe Ihres Herzens aufsteigen, zu sich selbst, zu Ihren Mitmenschen, zu allen Lebewesen.

Wenn Sie Ihrer Aufmerksamkeit erlauben, eine Zeitlang in der Tiefe Ihres Brustraums zu bleiben, ohne irgendeine Vorstellung oder Erwartung, was geschehen soll – einfach nur das innerlich geflüsterte *JA* –, werden Sie bald Ihren Herzschlag hören und fühlen. Sein Rhythmus bestimmt Ihr Leben. Erlauben Sie Ihrem Herz-Chakra, sich in der Tiefe der Brusthöhle zu öffnen. Lassen Sie es wieder lebendig werden. Gewähren Sie ihm Raum. Vielleicht werden Sie bald eine Empfindung von Weite, Wärme und Geborgenheit an dieser Stelle wahrnehmen.

Ich erlebe diesen Punkt manchmal als den *G-Punkt des Herzens,* die empfindsamste Stelle in unserem Mikrokosmos. Doch verglichen mit dem «G-Punkt» der Frau, dem versteckten Lustpunkt an der Pforte zur Gebärmutter, und dem *G-Punkt des Herzens* gibt es einen wesentlichen Unterschied: *Der G-Punkt des Herzens* ist nicht in der Vagina der Frau zu finden. Seine Lust ist nicht ausschließlich auf den Körper bezogen, vielmehr schenkt er uns zeitlich unbegrenzte Geborgenheit, satte Freude und sanfte, seelische Ekstase im «Schoß unseres Herzens». Er ist so klein wie ein Atomkern, und doch enthält er das ganze Universum und noch mehr. Er ist an kein Geschlecht gebunden. Er ist die Pforte zu unserem wahren Ursprung, zu unserem ewigen Zuhause, zum Schöpfer in uns.

Sammeln Sie sich an jenem kleinen Punkt – im Herzen Ihres Herzens – in Ihrem innersten Zentrum. Dort ist verborgen – so groß wie ein Stecknadelkopf – unser Lebenskeim, der seit der «Vertreibung aus dem Paradies» darauf wartet, wieder aktiviert und zur Entfaltung, zum Leben und zum Blühen gebracht zu werden. Der Weisheitslehrer Ramana Maharshi beschreibt diesen Punkt – als den «Sitz unseres *Selbst,* nicht größer als ein Stecknadelkopf, in dem das ganze Universum enthalten ist...».

Sie werden sich wundern, wie sich diese anstrengungslose Aufmerksamkeitslenkung in Verbindung mit dem innerlichen Zitieren des befreienden *JA* – regelmäßig durchgeführt – auf Ihre beruflichen, privaten und zwischenmenschlichen Kontakte auswirkt. Und nicht nur das – es ist an diesem Punkt, an dem ein befreiendes Geschenk auf Sie wartet, eine wesentliche Botschaft. Erlauben Sie sich, das Wunder, Ihr Geheimnis aufzuspüren, das Sie sind ...! DAS Geheimnis ... etwas, was mit Worten schwer vermittelt werden kann und doch plötzlich erfahren wird!

Die Spirale

Der Kreis symbolisiert die Ewigkeit, ohne Anfang und Ende, die vollkommene Harmonie. Im Zentrum des Kreises begegnet sich alles, was außerhalb des Kreises existiert. Im Zentrum gibt es keine Polarität, keine Widersprüche, keine Wertung über schlecht und gut, richtig und falsch, keine Trennung mehr von außen und innen, oben und unten. Es gibt nur unendliche Stille und Frieden. Die *Spirale* ist die ideale Übung, uns nach der Herzenserfahrung in unserem Zentrum nach außen zu entfalten.

Wenn wir den Kreis öffnen, wandelt er sich zur Spirale. Die Spirale ist der Beginn der Evolution. Sie symbolisiert Bewegung, Wandlung, Kreativität. Sie trägt uns aus dem

Kreis heraus. Sie führt uns durch die Welt der Materie, durch alle Ebenen unseres Daseins und schließlich gewandelt zurück zu unserem Ursprung, in unser innerstes Zentrum. Die Reise entlang der Spirale ermöglicht es, unsere Innen- und Außenwelt zu verbinden, sie als eins zu erkennen. Sie kann uns früher oder später zur unmittelbaren Erfahrung dieser Erkenntnis führen.

Sie können diese Übung im Stehen, Sitzen oder Liegen durchführen. Im Stehen und Sitzen wirkt sie aktivierend, bewußseinserweiternd. Im Sitzen und Liegen ermöglicht sie ein Gefühl von entspannender Ausdehnung. Die Spirale führt Sie durch Ihre verschiedenen Energiezentren. Sie beginnen am unteren Ende der Brustwirbelsäule, zwischen dem Solarplexus und dem Herz-Chakra – wo der Brustraum beginnt. Bleiben Sie eine Minute mit Ihrer Aufmerksamkeit dort. Ziehen Sie dann in Ihrer Vorstellung einen spiralförmigen Kreis nach außen, wobei Sie die Energiepunkte auf der Skizze einhalten:

- Von der unteren Brustwirbelsäule rechtsdrehend – im Uhrzeigersinn – zum Sonnengeflecht
- vom Sonnengeflecht zum Herzzentrum
- vom Herzzentrum zum zweiten Chakra, vier Fingerbreit unter dem Nabel
- von dort seitlich am Körper entlang zum Kehlzentrum
- vom Kehlzentrum seitlich am Körper entlang zur Dammgegend
- von der Dammgegend seitlich hinauf zum Dritten Auge
- vom Dritten Auge über den linken Ellbogen hinunter zum linken Knie, weiter zum rechten Knie, hinauf zum rechten Ellbogen bis zur Krone des Kopfes

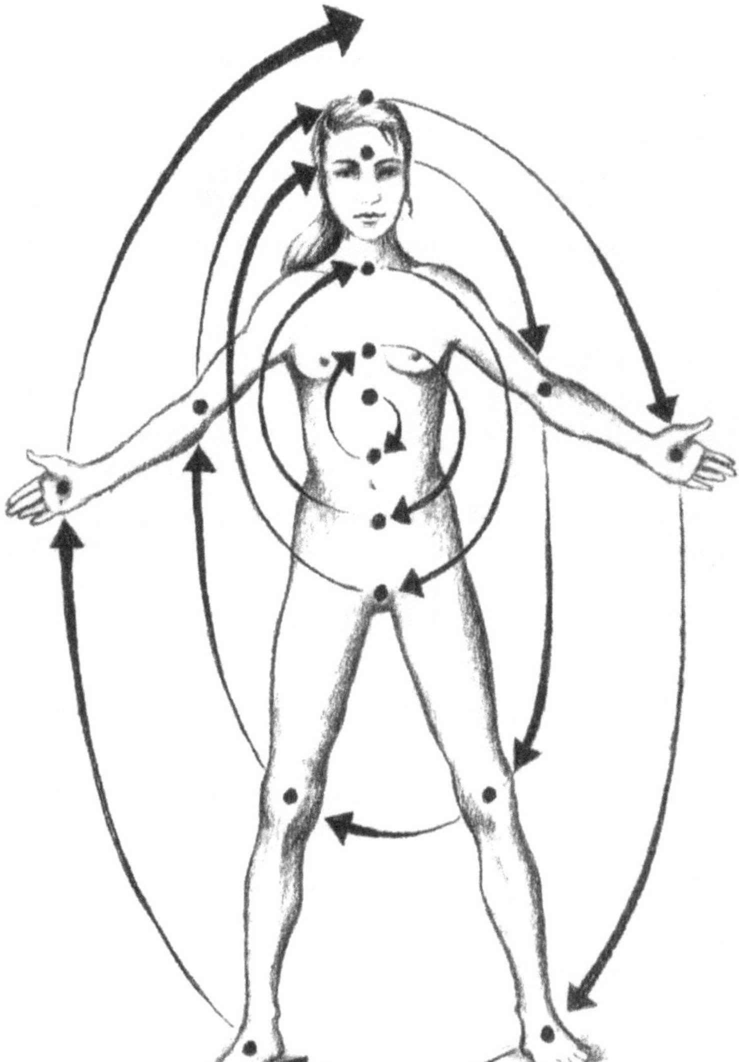

- von der Krone des Kopfes hinunter zum Herzen der linken Hand, weiter zum Herzen des linken Fußes, dann zum Herzen des rechten Fußes, wieder hinauf zum Herzen der rechten Hand
- und dann bis etwa zehn Zentimeter über den Kopf. Dort können Sie eine Weile bleiben und die Spirale auch noch höher steigen lassen, wenn Sie sich dabei gut fühlen.

Die Spirale können Sie zwischen drei und zehn Minuten lang üben. Sie können Sie überall und jederzeit durchführen. Ich praktiziere sie auch gerne in Verbindung mit den *Fünf Riten,* manchmal während des Durchführens der Riten, und zwar zwischen den Übungen, manchmal beim Ausruhen. Ich habe dabei erfahren, daß sich die Wirkung beider Übungen erhöht.

Surya Namaskar – der Sonnengesang

Ich sehe eine leuchtende Sonne.
Viele Stufen führen zu ihr hinauf.
Ich betrete die Treppe und steige Stufe um Stufe.
Je höher ich komme, desto heller das Licht,
desto weiter der Raum,
um so mehr durchstrahlt es mich.
Ich stehe in unmittelbarer Nähe der Sonne.
Ich fühle ihre wohltuende Wärme, ihre belebende Kraft.
Ich bin mir bewußt – es gibt nur eine Kraft,
nur eine Macht:
Das ICH BIN in meinem Herzen …
Am Fuße der Treppe erblicke ich eine unübersehbare
Menschenmenge.
Sie sehnen sich nach Wärme, Befreiung, Liebe.
Ich eile hinunter,
wir steigen gemeinsam Stufe um Stufe hinauf ins Licht …

Institut für Cantilation

Surya Namaskar ist ein einfacher, besonders wirkungsvoller Übungs-Zyklus aus der Yoga-Tradition, den jeder von der Kindheit bis ins hohe Alter – überall und jederzeit – üben kann. Die erhabene Yoga-Sequenz *Surya Namaskar – der Sonnengesang,* auch Sonnengruß genannt – weckt schlafende Energien, aktiviert die Herzensenergie und öffnet Tore zum Juwel des Geistes. Sind die Energiebahnen durch die *Fünf Riten* erst einmal frei geworden, hat sich unser Leben schon etwas gewandelt, sind unsere Herzen und Horizonte ein Stückchen weiter geworden, möchte manch Übender sein

Potential vielleicht weiter erforschen. Was für einige inzwischen ein vertrauter Horizont ist, kann für andere gerade ein neuer Einstieg sein. So empfehle ich das *Surya Namaskar* – den *Sonnengesang* – als Weiterführung der *Fünf Riten,* mit denselben Wirkungen.

Ich bevorzuge den Begriff *Sonnengesang,* statt Sonnengebet. Das Wort beinhaltet die Erfahrung, die die Übung vermitteln kann: eine beschwingte Melodie, die wie ein Gebet mit unserem ganzen Organismus singend getanzt und erlebt werden kann. Ein Freund von mir (Komponist und Musiker), der jeden Tag den Sonnengesang wie eine Meditation praktiziert, schrieb mir einmal folgende Erfahrung aus einem tropischen Inselparadies. Er «versenkte» sich jeden Morgen und Abend am Ozean in den Sonnengesang, während draußen die Sonne jeweils aufstieg oder unterging:

> «Und auf einmal entdeckte ich den Himmel in mir! Ich erkannte, daß das Paradies der Sonne der Wahrheit hier auf der Erde ist, in meinem Körper, jeden Augenblick – immer wieder neu –, in jedem Organ, in jedem Knochen, überall, in jeder Zelle. Und ich wußte – die Information des Unendlichen ruht in jeder meiner Zellen. Dort – in den tiefsten Schichten meines Körpers, verkapselt in dichtester Materie, gilt es, mein verlorenes Paradies, das von mir verlassene Wissen, wieder neu zu entdecken, freizusetzen und zu leben... Diese Minuten des ‹Versenkens› mit, in und durch den Körper ließen mich erfahren, wie das ‹Unendliche› in mir sich pausenlos mit dem ‹Endlichen› verbindet, wie das Endliche (Begrenzte) von mir zum Unendlichen wurde und wie ich zu beiden gleichzeitig wurde. Das war ein Yoga des unmittelbaren

Erfahrens, das niemals durch Lesen und Wissen allein erlebt werden kann...»

Surya Namaskar – der Sonnengesang ist eine spezielle Methode, die wärmende Energie, das Licht und die Heilkraft der Sonne noch gezielter in unseren Körper strömen zu lassen, unsere Zellen aus der solaren Quelle zu nähren und aufzuladen und körpereigene Energie wieder zu aktivieren. Der Geist wird klar, das Denken beruhigt, das Herz geöffnet und die Seele geweitet.

Nach Auffassung der Yoga-Philosophie ist der Mensch als Mikrokosmos das Ebenbild vom Makrokosmos – durchdrungen von den fünf Elementen – Erde, Wasser, Feuer, Luft und Äther. Die Sonne wird im menschlichen Körper im Sonnengeflecht, dem Solarplexus, lokalisiert. Dieses wichtige Energiezentrum, unser sogenanntes «Bauchgehirn», ist dem Element Feuer zugeordnet. Das Sonnengeflecht kontrolliert laut Yoga-Lehre 72000 Nerven und Arterienstränge, die sich durch den Körper ziehen. Die durch den Sonnengruß in unserem Sonnengeflecht aktivierte und freigesetzte Energie strömt von dort in alle Körperteile und belebt jede Zelle.

Der Sonnengesang ist ein Übungszyklus von zwölf ineinander übergehenden Bewegungen. Die Übungen nehmen nur einige Minuten in Anspruch und wirken doch auf den gesamten Organismus. Sie haben eine heilende, stärkende, aufbauende und belebende Wirkung auf den ganzen Menschen – auf Körper, Seele und Geist. Jeder Teil des Körpers wird bewegt, gedehnt, aktiviert und bewußtgemacht. Der *Sonnengesang* bewirkt Kraft, gleichzeitig aber auch eine tiefe innere Ruhe. Er kann von der Kindheit bis ins hohe Alter geübt werden. Das gesamte Verdauungssystem wird stabilisiert, das Herz gestärkt, der Blutdruck und damit die Blutzirkulation reguliert. Die Funktion der Drüsen und der lebenswichtigen Organe wird aktiviert: Herz, Magen, Leber, Milz und Därme. Unsere Immunkräfte werden gesteigert. Durch das Strecken, Dehnen und Pressen im Wechsel in Verbindung mit bewußter Atemlenkung werden Gifte und Schlacken im Körper freigesetzt und ausgeschieden.

Es gibt verschiedene Versionen des *Surya-Namaskar-Zyklus.* Nach jahrelangen Beobachtungen und Erfahrungen in meinen Kursen und Seminaren empfehle ich folgenden hier dargestellten Übungsablauf. Er hat sich – besonders für den westlichen Menschen – als eine sehr wirkungsvolle Methode erwiesen. Die fließend ineinander übergehenden Bewegungen – weich, sanft und doch rhythmisch durchgeführt – in Verbindung mit dem Atem bewirken eine optimale Flexibilität der Wirbelsäule sowie des ganzen Körpers. Auch ich erlebe diese Variante manchmal wirklich so, als ob die Sonne mit ihrer universalen Lebenskraft ihr Lied des Lebens durch meinen Körper als ihr Instrument erklingen läßt. Daher bevorzuge ich auch den Begriff *Sonnengesang.*

Es ist ratsam, das *Surya Namaskar* möglichst morgens gleich nach dem Aufstehen zu üben oder abends bei Sonnenuntergang vor dem Abendessen. Doch spüren Sie, ob es auch für Ihren Körper wirklich stimmt. Durch die intensive Aktivierung des gesamten Körpers wird der Tagesrhythmus positiv beeinflußt. Abends können Verspannungen, die sich tagsüber in Körper, Psyche und Geist angesammelt haben, abgebaut werden. Tragen Sie lockere Kleidung, nichts

Einengendes, besonders nicht im Bereich des Solarplexus. Sie können auch nackt üben. Es ist ein herrlich befreiendes Gefühl.*

Besondere Hinweise

Wie bei den *Fünf Riten* gilt es auch beim *Surya Namaskar* folgende Punkte zu beachten, um eine optimale Wirkung zu erzielen:

- Üben Sie in der ersten Woche nur ein bis drei Runden. Steigern Sie allmählich die Zahl der Runden.
- Üben Sie die angegebene Reihenfolge.
- Finden Sie den für Ihren Körper geeigneten Rhythmus – langsam oder schnell – heraus.
- Beachten Sie die korrekte Atemlenkung! Jeder Bewegung entspricht ein Atemzug. Ihr natürlicher Atem führt die Bewegung: Atemansatz ist gleich Bewegungsansatz. Achten Sie auf komplette Ausatmung.
- Üben Sie bewußt. Bleiben Sie mit der Aufmerksamkeit bei der Übung, während Sie in Ihren Körper hineinspüren.

Stellung 1: Aufrecht stehen. Falten Sie Ihre Hände vor der Brust. Begrüßen Sie die Sonne. Lassen Sie ihr Licht, ihre Energie, ihre Wärme tief in Ihren Körper strömen, während Sie dreimal tief ein- und ausatmen.

* Ausführliche Informationen zum Surya Namaskar finden Sie in meinem Buch und Video «Surya Namaskar – der Sonnengruß» (Laredo-Verlag, Chieming).

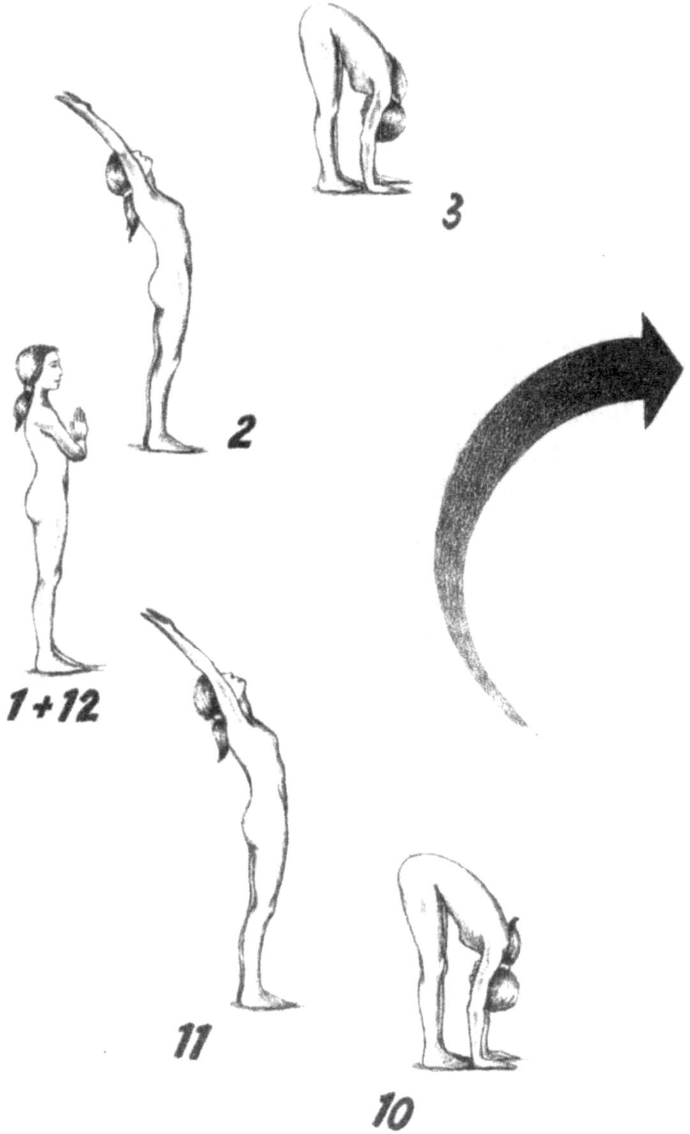
3
2
1 + 12
11
10

4
5
6
7
8
9

Stellung 2: Einatmen – während Sie Ihren Körper zurückbeugen. Führen Sie Ihre Arme gestreckt über den Kopf nach hinten. Dehnen Sie Ihre Nabelgegend. Weiten Sie Ihren Brustraum. Öffnen Sie Ihre Achselhöhlen. Spannen Sie Ihre Gesäßmuskeln an. Öffnen Sie sich der Sonne, dem Licht, der universalen Lebensenergie.

Stellung 3: Ausatmen – während Sie sich langsam nach vorne beugen. Die Handflächen kommen vor den Zehen auf den Boden. Dort bleiben sie bis zum Schluß des Surya-Namaskar-Zyklus unverändert liegen. Dehnen Sie die gesamte Rückseite Ihres Körpers. Knie dürfen zu Beginn noch gebeugt sein. Kopf hängt locker, Nacken entspannt.

Stellung 4: Einatmen – während Sie Ihr rechtes Bein jetzt mit einem weiten Schritt nach vorne bringen. Neunzig Grad anwinkeln, das Knie kommt dabei über den Knöchel. Linkes Bein ist nach hinten gestreckt mit dem Knie zum Boden. Die Zehen sind aufgestellt. Beugen Sie Ihren Kopf nach hinten, den Mund leicht geöffnet.

Stellung 5: Halten Sie Ihren Atem an – während Sie Ihr linkes Bein ebenfalls zurückstrecken. Ihre Halswirbelsäule, Rücken, Gesäß und Beine bilden eine Linie, Ihre Zehen sind aufgestellt. Sie stehen mit der Kraft aus Ihrer Mitte. Fühlen Sie die Wärme im Solarplexus aufsteigen.

Stellung 6: Ausatmen – während Sie Ihre Arme beugen. Stirn, Brust und Knie berühren den Boden. Heben Sie Ihre Hüften und Ihr Gesäß so hoch wie möglich vom Boden. Ihre Zehen sind aufgestellt.

Stellung 7: Einatmen – während Sie Ihren Kopf und Ihren Oberkörper zurückbeugen, Mund leicht geöffnet. Ihr Brustraum ist geweitet, Ihr Gesäß ist fest, die Zehen sind aufgestellt.

Stellung 8: Ausatmen – während Sie Ihre Hüften und Ihr Gesäß so weit wie möglich nach oben heben. Arme, Beine und Oberkörper bilden ein umgedrehtes V. Bringen Sie die Fersen so nahe wie möglich zum Boden. Ihre Handstellung ist noch immer unverändert.

Stellung 9: Einatmen – während Sie Ihr rechtes Bein nach hinten strecken. Ihre Zehen sind aufgestellt. Ihr rechtes Knie berührt den Boden. Ihr linkes Bein ist neunzig Grad angewinkelt, das Knie über dem Knöchel. Beugen Sie Ihren Kopf nach hinten, der Mund ist leicht geöffnet.

Stellung 10: Ausatmen – während Sie Ihren linken Fuß mit einem Schritt nach vorne neben den rechten bringen und sich wieder langsam aus den Hüften nach vorne beugen. Fühlen Sie die Dehnung der gesamten Rückseite Ihres Körpers bis über die Haut.

Stellung 11: Einatmen – während Sie Ihren Körper zurückbeugen. Strecken Sie Ihre Arme wieder nach hinten über den Kopf. Dehnen Sie die Nabelgegend, das Sonnengeflecht. Weiten Sie den Brustraum. Öffnen Sie Ihre Achselhöhlen. Spannen Sie Ihre Gesäßmuskeln an.

Stellung 12: Ausatmen – während Sie in die Ausgangsstellung zurückkommen. Falten Sie wieder Ihre Hände vor der

Brust. Atmen Sie dreimal tief durch, und lassen Sie dabei wieder mit Hilfe Ihrer Vorstellungskraft Ihren Körper vom Licht, der Energie und der Wärme der Sonne durchfluten.

Üben Sie diesen Zyklus drei- bis zwölfmal. Lassen Sie das *Surya Namaskar* mehr und mehr zu einer dynamischen Körper-Meditation werden, in die Sie Ihren ganzen Körper miteinbeziehen. Beobachten Sie, wie Ihre Wirbelsäule täglich flexibler wird, Ihr ganzer Körper lebendiger, durchlässiger und schwereloser, Ihr Herz weiter, Ihr Geist klarer.

Ausdehnungsübung

Unsere Wirklichkeit wird durch Aufmerksamkeit bestimmt. Wenn wir unsere Aufmerksamkeit auf etwas oder auf jemanden richten, dann dehnen wir uns aus, bis hin zu diesem Objekt oder Menschen. Betrachten wir etwas oder jemanden, so wird unsere Energie dorthin gelenkt. Der Mensch oder der Gegenstand wird für uns realer. Er wird ein Teil unserer Wirklichkeit. Wir dehnen uns aus und verbinden uns damit.

Ich empfehle Ihnen, folgende einfache Übung zuerst mit geschlossenen und dann mit offenen Augen durchzuführen. Sie dauert höchstens ein bis drei Minuten. Nehmen Sie den Unterschied wahr. Es geht dabei um das Erspüren, wie es Ihnen möglich ist, sich in Ihrer Wirklichkeit über den Körper hinaus auszudehnen, Ihr Energiefeld wahrzunehmen und zu erweitern. Sie können es im Stehen, Sitzen oder Liegen versuchen. Die *Ausdehnungsübung* eignet sich auch hervorragend nach dem Üben der *Fünf Riten*, nach dem *Surya Namaskar* sowie überall und jederzeit in der Natur.

1. Atmen Sie ein. Dehnen Sie sich während des Ausatmens durch die Vorderseite Ihres Körpers so weit nach vorne in den Raum, wie es Ihnen jetzt möglich ist.
2. Atmen Sie ein. Dehnen Sie sich während des Ausatmens durch die Rückseite Ihres Körpers so weit nach hinten in den Raum, wie es Ihnen jetzt möglich ist.
3. Atmen Sie ein. Dehnen Sie sich während des Ausatmens über Ihre linke Körperhälfte hinaus, so weit es Ihnen jetzt möglich ist.
4. Atmen Sie ein. Dehnen Sie sich während des Ausatmens über Ihre rechte Körperhälfte hinaus, so weit es Ihnen jetzt möglich ist.
5. Atmen Sie ein. Dehnen Sie sich während des Ausatmens über Ihre Beine, durch die Fußsohlen auf die Erde, so tief in das Erdinnere und so weit es Ihnen jetzt möglich ist.
6. Atmen Sie ein. Dehnen Sie sich während des Ausatmens nach oben über Ihren Kopf so weit in den Himmel, wie es Ihnen jetzt möglich ist.
7. Atmen Sie ein. Dehnen Sie sich während des Ausatmens – jetzt nur aus Ihrem Herzbereich, aus Ihrem Herz-Chakra – in alle Richtungen, so weit es Ihnen möglich ist.
8. Atmen Sie ein, dehnen Sie sich abschließend durch Ihren Körper nach außen in alle Richtungen gleichzeitig aus. Nehmen Sie sich für die letzte Ausdehnung etwas mehr Zeit.

Wenn Sie diese einfache Übung öfter wiederholen, können Sie innere und äußere Begrenzungen auflösen. Und – es kann geschehen, daß Sie vielleicht zum ersten Mal in Ihrem Leben entdecken, daß da etwas ist, das weit über Ihren Körper hinausgeht, und daß Sie wirklich mehr sind, als Sie jemals von sich geglaubt haben.

Die «Geheime Pforte» öffnen

Alles, was wir wahrnehmen, geschieht innerhalb unseres Körpers, auch wenn die Impulse von außen kommen, sei es durch gezielte Übungen, gewisse Formen des Atmens oder bestimmte Methoden, die erhöhte Bewußtheit bewirken. Die Reaktionen nehmen wir tief innerhalb unseres Körpers wahr. Die Empfindungen sind nicht immer gleich. Nicht jede Methode hat auf jeden Körper dieselbe Wirkung. Es bedarf höchster Achtsamkeit und Intuition für den eigenen und im Therapiebereich für den anderen Körper herauszufinden, welche Übung für wen und zu welchem Zeitpunkt geeignet ist. In unserem Körper ist viel mehr Intelligenz und Weisheit als im Käfig unseres begrenzten Verstandes.

Hals und Nacken sind die Verbindung zwischen Gefühl, Herz und Intellekt. Im Nacken sitzt unser Wille. Im Nacken zeigt sich unser wahres Alter. Wenn wir den Nacken weich und flexibel machen, können wir auch überholte, starre, rigide Einstellungen aufweichen und verrostete Konzepte aus unserer Welt entlassen.

Am letzten Halswirbel – es ist der oberste Punkt der Wirbelsäule – liegt die Medulla Oblongata. Genau an dieser

Stelle verbindet sich die Wirbelsäule mit dem Schädel und das Zentralnervensystem mit dem Gehirn und dem Knochenmark. Diese Stelle des Körpers wird in alten Mysterien-Schulen als das *Geheime Tor zur Wahrheit* bezeichnet. Manche sprechen auch vom *Mund Gottes.* Die *Geheime Pforte* symbolisiert die Verbindung von Geist und Materie, von Körper und Bewußtsein. In geheimen Übungen bestimmter traditioneller Mysterien-Schulen geht es darum, diesen Punkt bewußt, beweglich und durchlässig zu machen. Was kaum bekannt ist – ein weiterer Schlüssel zum Geheimnis der *Fünf Riten* liegt genau an dieser Stelle. Sowohl in den Übungszyklen der *Fünf Riten* wie auch beim *Surya Namaskar* während jeder Kopfbewegung – bewußt und sanft durchgeführt – im Wechsel nach vorne und nach hinten wird die *Geheime Pforte* aktiviert.

Doch auch die folgenden einfachen Übungen ermöglichen eine Aktivierung dieses wichtigen Energiezentrums. Darüber hinaus können Sie Verspannungen und Schmerzen im Nackenbereich lösen. Es ist das abwechselnde Vorwärts-, Seitwärts- und Rückwärtsbeugen des Kopfes, das abwechselnde Dehnen und Pressen von Hals und Nacken, das die *Geheime Pforte* «stimuliert», weitet und durchlässig macht. Bleiben Sie während des Übens mit Ihrem Bewußtsein ausschließlich an der *Geheimen Pforte.*

Lösen der Hals- und Nackenmuskulatur

Sitzen oder stehen Sie aufrecht. Ihr Becken ist leicht nach vorne gekippt, so daß Ihre Lendenwirbelsäule gedehnt wird. Dehnen Sie gleichzeitig Ihre Halswirbelsäule, während Sie Ihren Kopf nach rechts und nach links drehen.

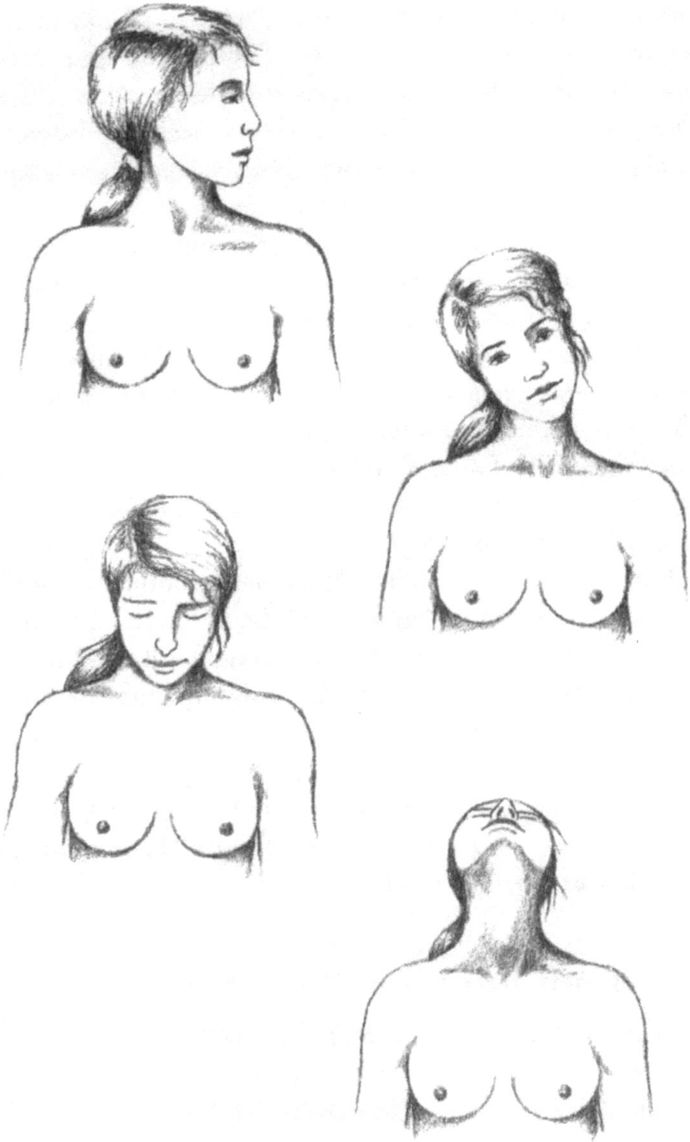

Spüren Sie die Dehnung am unteren und am oberen Ende der Wirbelsäule?

1. *Ausatmen* – während Sie Ihren Kopf nach links drehen.
2. *Einatmen* – Kopf zurück zur Mitte, Augen geradeaus.
3. *Ausatmen* – während Sie Ihren Kopf nach rechts drehen; jeweils dreimal.

Dehnen der Halsseiten

Spüren Sie die Dehnung vom Trapezmuskel bis zum Schädelansatz, während Sie Ihr Ohr jeweils in Richtung Schulter bringen.

1. *Ausatmen* – während Sie Ihren Kopf nach links dehnen – Ohr zur linken Schulter – die rechte Schulter nach unten außen ziehen.
2. *Einatmen* – während Sie Ihren Kopf wieder in die Gerade bringen.
3. *Ausatmen* – während Sie Ihren Kopf nach rechts dehnen – Ohr zur rechten Seite – Ihre linke Schulter nach unten und außen ziehen; jeweils dreimal.
   Richten Sie sich wieder auf. Achten Sie darauf, daß während der ganzen Übung Ihre Lendenwirbelsäule gedehnt bleibt.
4. *Einatmen* – Kopf weit nach hinten dehnen.
5. *Ausatmen* – Kopf weit nach vorne dehnen; jeweils dreimal.

Beachten Sie: Bei allen Übungen bewegt sich nur Ihr Kopf. Schultern und Rumpf bleiben unverändert. Spüren Sie, was im Inneren Ihres Kopfes geschieht.
Wie fühlt sich Ihr Nacken, Ihr Hals und besonders die *Geheime Pforte* nach dem Üben an?

Der «tausendblättrige Lotus»

Diese Übung können Sie überall und jederzeit durchführen. Doch ist es einfacher, wenn Sie sich ungestört fühlen und einige Minuten für sich alleine zur Verfügung haben:

1. Schließen Sie Ihre Augen. Stellen Sie sich vor, Sie atmen nur durch Ihr Gehirn. Ihr kühler Atem strömt durch Ihre Nasenlöcher nach oben. Er entspannt Ihren ganzen Kopfbereich, besonders Ihr Gehirn und Ihre Augen. Mit jedem Atemzug wird Ihr Gehirn entspannter, gelöster. In Ihrem Kopfinneren entsteht Helligkeit –

mehr und mehr Raum, Weite und eine tiefe, wohlige Entspannung.

2. Visualisieren Sie, wie Sie mit jeder Ausatmung störende Gedanken, alte Programmierungen, festgehaltene Konzepte aus Ihrem Gehirn nach oben durch Ihre Schädeldecke entlassen; wie Ihre Einatmung in die hintersten Windungen Ihres Gehirns strömt und wie Sie mit jeder Ausatmung aus den verstecktesten Winkeln und Nischen alles herausspülen, was Sie jetzt in Ihrem Leben nicht mehr brauchen – alles was sich über Jahrzehnte dort eingenistet hat und noch immer festklebt.
3. Nach ein bis drei Minuten stellen Sie sich vor, daß an der Krone Ihres Kopfes – am siebten Chakra – die Knospe einer zarten Lotusblüte erscheint. Millimeter für Millimeter beginnt sie sich zu öffnen, jedesmal, während Sie ausatmen. Die Blüte wird größer und größer, wächst in Ihre rechte und linke Gehirnhälfte. Mehr und mehr Blätter ent-*falten* sich in Ihrem Gehirn. Lassen Sie die Blütenfarbe entstehen, die sich im Augenblick für Sie geeignet anfühlt.
4. Stellen Sie sich vor, wie die zarte, subtile Kraft der Blüte in der Ihnen entsprechenden Farbe alles ausheilt und auflöst, was sich über Jahre in Ihrem Kopf festgesetzt hat, was Ihre klare Sicht der Erkenntnis, Ihre Unterscheidungskraft und den Fluß Ihrer kreativen Intelligenz behindert hat. Der nach oben geöffnete Kelch der Blüte ist jetzt bereit, die für Sie notwendigen Inspirationen und Erkenntnisse zur Verwirklichung Ihrer Kreativität im Alltag zu empfangen.

Wenn Sie diese Übung einundzwanzig Tage lang durchführen, kann es geschehen, daß Sie neben den Veränderungen in Ihrer Außenwelt auch die physischen Sensationen in Ihrem Gehirn, in Ihren Schädelknochen und das Energiefeld um Ihren Kopf herum wahrnehmen.

Toleranzübung

Die *Toleranzübung* ist eine Methode aus dem Avatar-Training* – ein Bewußtseins-Training, das von Harry Palmer in den USA entwickelt wurde:

Wenn ich den Mut habe, ehrlich zu mir selbst zu sein und mich zu akzeptieren, kann ich auch meinen Mitmenschen aufrichtig und toleranter begegnen und Mitgefühl für sie empfinden. Ehrlichkeit zu sich selbst führt zu Mitgefühl für andere. Die *Toleranzübung* können Sie überall ausführen, wo viele Menschen zusammenkommen – am Flughafen, in Einkaufszentren, an Bahnhöfen usw. Sie kann auch mit Arbeitskollegen, Familienmitgliedern oder zwischen Paaren durchgeführt werden, um das gegenseitige Verstehen zu fördern. Und Sie können sie auch mit Gegnern oder Feinden aus der Vergangenheit, an die Sie noch immer denken, durchführen. Es bedarf einiger Zeit des Übens. Doch bald schon wird Ihr Toleranzpegel steigen, und Sie erleben innerlich mehr Harmonie und Frieden.

* Mit freundlicher Genehmigung von Star's Edge Inc. aus dem Buch *Resurfacing – Techniken zur Erforschung des Bewußtseins,* Context Verlag, Bielefeld. Resurfacing ist ein rechtlich geschützter Name von Star's Edge Inc./Florida/USA.

Die Übung erfolgt in fünf Schritten :

1. Richten Sie Ihre Aufmerksamkeit auf eine bestimmte Person, und sagen Sie zu sich selbst: *Genau wie ich strebt dieser Mensch nach Glück in seinem/ihrem Leben.*
2. Bleiben Sie mit Ihrer Aufmerksamkeit bei dieser Person, und sagen Sie zu sich selbst: *Genau wie ich versucht dieser Mensch, in seinem/ihrem Leben Leid zu vermeiden.*
3. Bleiben Sie mit Ihrer Aufmerksamkeit bei dieser Person, und sagen Sie zu sich selbst: *Genau wie ich hat dieser Mensch schon Trauer, Einsamkeit und Verzweiflung erfahren.*
4. Bleiben Sie mit Ihrer Aufmerksamkeit bei dieser Person, und sagen Sie zu sich selbst: *Genau wie ich versucht dieser Mensch, seine/ihre Bedürfnisse zu erfüllen.*
5. Bleiben Sie mit Ihrer Aufmerksamkeit bei dieser Person, und sagen Sie zu sich selbst: *Genau wie ich lernt dieser Mensch über das Leben.*

Mitgefühlsübung

In dieser buddhistischen Bewußtseinsübung geht es darum, Mitgefühl für das Leiden anderer zu entwickeln. Das läßt sich mit folgender einfachen Meditation auf die bewußte Ein- und Ausatmung üben:

> Atmen Sie den Schmerz anderer mit jedem Atemzug ein. Atmen Sie Ihr eigenes Wohlbefinden, Ihr eigenes Glück mit jeder Ausatmung zu dem Leidenden hin.

Zunächst mag Ihnen diese Übung nur mit Menschen gelingen, die Ihnen sehr vertraut sind und Ihnen sehr nahestehen. Doch Ihr Bewußtsein, Ihr Mitgefühl, Ihre Kraft und Ihre innere Freiheit wachsen in dem Maße, in dem Sie diese Übung auf alle Lebewesen übertragen. Sie wachsen weit über sich hinaus!

Die lächelnde Zelle

Der Herzschlag, den ich hörte,
war nicht mein Herzschlag
Es war das Herz der Welt!

Michael Barnett

Diese kreative Visualisierungsübung unterstützt uns, unseren paradiesischen Funken wiederzuentdecken und zu entfalten: unser Lebenskeim – *der G-Punkt des Herzens* – in unserem innersten Zentrum, den jeder von uns aus dem Garten Eden als Erbe mitgebracht hat. Es ist unser Liebeskeim im Herzen, der seit der «Vertreibung aus dem Paradies» darauf wartet, wieder aktiviert, zur Entfaltung, zum Blühen und Leben gebracht zu werden:

1. Sie sitzen entspannt und losgelöst auf einem Stuhl oder auf dem Boden. In Ihrer Vorstellung blicken Sie jetzt durch ein Mikroskop. Es ist ein spezielles Gerät, mit Laserstrahlen und Linsen, die so gerichtet sind, daß Sie damit tief in Ihren Brustraum blicken können. Klar und deutlich können Sie jede einzelne Zelle entdecken – ein Mikrokosmos für sich, in dem alles enthalten ist. Am tiefsten Punkt in Ihrem Brustraum spüren Sie Ihr Herz-Chakra auf. Der durchdringende Laserstrahl führt Sie noch etwas weiter – ins Innerste dieses wichtigen Energiezentrums: ins «Herz des Herzens». Dort entdecken Sie plötzlich eine goldene vibrierende Körperzelle in der Größe einer Münze. Und auf dieser Münze ist ein Gesicht – ein Gesicht, das Sie kennen und das Sie er-

kennt, das Ihnen liebevoll und wissend zulächelt. Fühlen Sie dieses Lächeln dort in der Tiefe Ihres Herzens. Es ist jener Raum, in dem weder Urteil noch Schuld noch Angst noch Sühne existieren. Es ist Ihr *wahres Zuhause,* die Endstation Ihrer Sehnsucht, der Ort reiner, absichts- und bedingungloser Liebe. Bleiben Sie eine Weile in diesem Raum. Lenken Sie sanft Ihre Aufmerksamkeit und Ihren Atem dorthin, ganz sachte ... ein ... aus ... ein ... aus.

2. In dieser Zelle – im Herzen Ihres Herzens –, die wie ein Mikrokosmos für sich ist, ist die Essenz Ihres Wesens enthalten. Das Lächeln zeigt die Zufriedenheit, das Wissen und die Information, daß alles da ist, immer da war und immer da sein wird, was Sie brauchen. Nach einiger Zeit sehen Sie durch Ihr Mikroskop mit dem Laser-Strahl, wie aus dem Kern der goldenen Zelle Energie strömt, sicht- und fühlbare Energie – reines, leuchtend klares Licht. Das Licht wird langsam heller und heller, dehnt sich aus, aktiviert die Energie und das Licht in den noch schlummernden Zellen, die sich in nächster Nähe befinden. Jetzt sehen Sie und fühlen Ihr Herzzentrum wie einen goldenen Lichtball, der in der Tiefe Ihrer Brusthöhle wärmer und größer wird, bis er die Form einer Weltkugel annimmt, die Ihnen zulächelt. Vielleicht gelingt es Ihnen, sich mit diesem wissenden Lächeln zu verbinden. Bleiben Sie eine Weile bei diesem «Weltball» in der Tiefe Ihrer Brusthöhle. Es ist in diesem Raum, und es geschieht aus diesem Raum heraus, daß wir uns mit der Welt und mit allen Lebewesen verbunden fühlen.

3. Erlauben Sie dann, das Licht und die Energie aus der goldenen Kugel, die die «lächelnde Weltkugel» oder ein «lächelndes Weltenherz» symbolisiert, in alle Teile Ihres Körpers strömen zu lassen. Sehen und fühlen Sie, wie Ihr ganzer Körper von diesem goldenen, warmen Licht durchströmt wird. Lassen Sie jede Zelle von der Wärme und dem Licht «infizieren». Bleiben Sie mit Ihrer Aufmerksamkeit eine Weile an jenen Stellen oder Organen, die Ihnen Disharmonie signalisieren, an denen Sie Blockaden oder Schmerzen verspüren. Lenken Sie bewußt Ihre Ausatmung dorthin, mit der Vorstellung und dem Wissen, daß das Licht alle «Disharmonien» auflöst.

Drei Rosen

Freunde, Gegner, neutrale Personen – ihnen gegenüber haben wir häufig eine ganze Skala verschiedener Einstellungen – von Schuldzuweisung bis zu Haß, von Begehren oder Gleichgültigkeit bis zu Langeweile. Werden diese genährt, ist es unmöglich, in uns selbst Frieden zu schließen.

Wie oft kommt es vor, daß einstige Gegner später zu Freunden geworden sind und umgekehrt. Dieser Wandel läßt sich möglicherweise mehrere Leben zurückverfolgen (sollte es so etwas geben). Warum also jemanden nur als Freund oder nur als Feind betrachten?

1. Setzen Sie sich entspannt auf einen Stuhl oder auf den Boden. Lenken Sie Ihre Aufmerksamkeit wieder in Ihr innerstes Zentrum, zum *G-Punkt des Herzens* – tief in

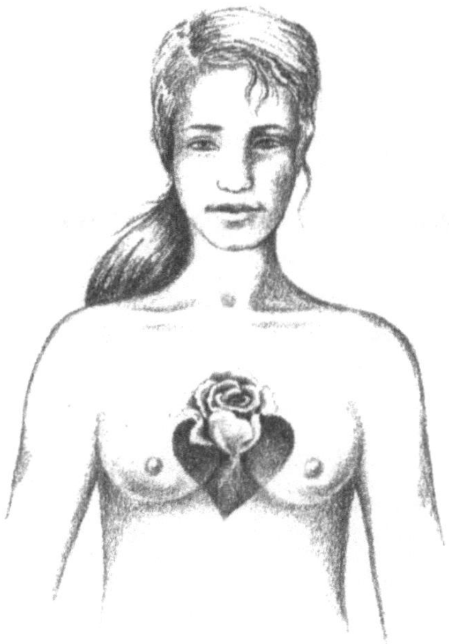

Ihren Brustraum. Sie können die Fingerspitzen Ihrer Hände auf Ihr Brustbein legen. Atmen Sie einige Zeit zu diesem Punkt hin.

2. Stellen Sie sich vor – vielleicht können Sie inzwischen auch schon fühlen, wie sich diese Stelle millimeterweise öffnet und wie sich ganz langsam aus dem *G-Punkt* heraus die Knospe einer Rose bildet. Mit jeder Einatmung wird sie größer, mit jeder Ausatmung entfaltet sie sich, Blatt für Blatt. Lassen Sie die Rose farbig werden. Fühlen Sie, welche Farbe für Sie im Augenblick stimmt.
3. Wenn Ihre Rose voll aufgeblüht ist, holen Sie in Ihrer Vorstellung nacheinander drei Personen zu sich:

- einen Freund oder jemanden, der Ihnen sehr nahesteht;
- eine neutrale Person;
- einen Gegner oder jemanden, mit dem Sie augenblicklich Probleme haben.

Visualisieren Sie sie – einzeln – Ihnen gegenübersitzend. Lassen Sie bei jeder Person eine Rosenblüte in der Farbe Ihrer Intuition aus dem Zentrum Ihres Herzens wachsen, und überreichen Sie diese bewußt und langsam wie eine heilende Geste für Sie beide.

Es ist wichtig, diese Übung nicht allgemein durchzuführen, sondern konkret auf jene Personen bezogen, die Sie in Ihrem Leben im Augenblick besonders berühren. Sie bleibt sonst zu unbestimmt, um eine Wandlung unserer Einstellung zu uns selbst und zu anderen zu bewirken. Wenn Sie diese Meditation einige Zeit durchführen, werden Sie bald bemerken, wie sich Ihre Einstellung ändert und daß es tatsächlich keine Gewißheit darüber gibt, wer letztlich immer nur Freund, immer nur Feind oder immer nur neutral ist. Sobald Sie Freunde, Gegner und neutrale Personen als Ihren Spiegel erkennen, der Anteile von Ihnen selbst reflektiert, werden Sie auf einer tieferen Ebene erfahren, daß es zwischen den drei Personen und Ihnen keinen Unterschied, keine Trennung gibt. Und somit ist der Zweck dieser Übung erfüllt.

Atem, der Schlüssel zur Intelligenz des Herzens – fünf Atemmethoden für jeden Augenblick

Sich auf die Entdeckungsreise zu unserem Atem zu machen bedeutet, *Prana*, unsere Lebensenergie, unser unbegrenztes Potential, aufzuspüren, freizusetzen und gezielt zu lenken. Prana ist die Kraft, die alles bewegende Energie, die das ganze Universum durchdringt. Sie ist die Ursache jeden Gedankens, jeder Körperbewegung, jeder Bewegung in der Natur. Prana ist dieselbe Energie, die unseren Körper erschaffen hat und ihn am Leben erhält. Prana ist in der Luft vorhanden, die wir atmen, sowie in der Nahrung, die wir zu uns nehmen. Es ist im Duft der Blume genauso wie im Windhauch, in den Wolken, im Regen, in den Ozeanen, in der Ausstrahlung der Erde. Unser ganzer Planet – als lebender Organismus – ist von Prana durchdrungen. Prana ist das Grundlebenselixier unserer gesamten Existenz.

Wenn wir beginnen, unseren Atem bewußt zu erspüren und ihn durch gezielte Übungen zu entfalten, machen wir unserem Körper ein großes Geschenk – er wird durchlässig für Prana. Das bedeutet: Wir finden zurück zu unserer Vitalität, zu unseren Gefühlen, zu unserer Intuition und Kreativität, zur Klarheit unseres Denkens. Mehr und mehr entdecken wir wieder unser Urvertrauen, das unbegrenzte Wissen unserer inneren Stimme. Wir werden frei von äußeren Autoritäten, Indoktrinationen und begrenzenden Glaubensüberzeugungen. Gleichzeitig entdecken wir die höchste und letzte Freiheit in uns selbst: die Intelligenz und Weisheit unseres Herzens. Wir erkennen, daß unser wahrer Ursprung, die Quelle allen Lebens, nur in uns selbst liegen kann, niemals im Außen. Unser individueller Atem führt uns zu unserem Ursprung, zu dem *Selbst,* das in jedem von uns wohnt.

Zusammengefaßt möchte ich die Quintessenz des Atems – so wie ich bewußtes Atmen erlebe – wiedergeben:

Richtiges Atmen ist keine Disziplin und keine Theorie.
Prana über den Atem aufzunehmen ist Inspiration – in spiritus –
die unmittelbare Erfahrung, unseren Körper mit unserem Geist,
mit der Quelle allen Lebens zu verbinden.
Und das bedeutet, zu unserem Urschöpfer,
zu unserer Schöpferkraft und Intuition zurückzufinden …

Vorübung: Bewußtes Atmen

Die erste Voraussetzung, unsere Atemgewohnheiten zunächst einmal kennenzulernen, ist *bewußtes Atmen.* Es ist die Vorübung, uns der Qualität unseres Atems bewußt zu werden. Schritt für Schritt können wir dann unser Atempotential entfalten, um schließlich den Atem gezielt zu lenken. Wenn wir Prana atmen und uns dabei entspannt auf die Empfindungen unseres Körpers einlassen, beginnt bereits der erste Heilungsprozeß. Das muß keine «harte Arbeit» sein. Ganz im Gegenteil. Es kann einfach sein, mit Freude und vielleicht sogar mit der Erfahrung echter Glücksempfindung und Begeisterung. *Inspirare – be-geistern* – der Geist kehrt nach Hause – verbindet sich mit seinem Körper. Beide werden eins.

Bereits das aufmerksame Beobachten des Atems löst überraschende Veränderungen aus. Die Körperwahrnehmung wird erhöht – und dabei können wir entdecken, welche Teile unseres Körpers mehr oder weniger bewußt, mehr oder weniger belebt sind. Dabei ist der Atem selbst unser größter Lehrer.

Erlauben Sie sich, so oft Sie daran denken, einfach nur Ihren Atem zu beobachten. Es ist die einfachste aller Übungen. Sie können sie überall und jederzeit durchführen, wo immer Sie sich gerade befinden und wann immer Sie sich daran erinnern. Verbinden Sie sich mit Ihrem Atem durch anstrengungsloses Beobachten. Wo strömt er ein? Wie fühlt er sich an? Wo fließt er hin? Welche Beziehung haben Sie zu Ihrem Atem, Ihrem intimsten Lebensspender? Wie und wo bewegt sich dabei Ihr Körper? Was fällt Ihnen leichter – Ein- oder Ausatmen? Das Empfangen oder Loslassen? Nehmen oder Geben? Bleiben Sie absichtslos. Lassen Sie Ihren Atem unschuldig fließen, ohne ihn zu verändern.

Vom Nektar des Lebens trinken

Es ist medizinisch festgestellt worden, daß wir in vierundzwanzig Stunden zwanzigtausendmal die Möglichkeit haben, vom *Nektar des Lebens* zu trinken – das bedeutet, tief zu atmen. Doch wer tut das schon bewußt? Beobachten Sie sich einmal. Sie nehmen nur winzig kleine Schlückchen, die nur wenige Ihrer Lungenzellen füllen können. Die Atemorgane werden kaum bewegt. Wie können diese sich dabei jemals entfalten? Sie könnten viel mehr Prana, viel mehr Lebensenergie tanken. Prana, unser «Lebenselixier», aktiviert nicht nur unsere Atemorgane, unsere Lungenzellen, sondern es belebt und regeneriert unseren gesamten Organismus.

Erlauben Sie sich mehrmals täglich, möglichst an frischer Luft, zwölf bis zwanzig tiefe Atemzüge:

1. *Einatmen* – so langsam und tief wie möglich. Fühlen Sie, wie Ihr ganzer Rumpf sich dehnt – von innen nach außen – bis über die Haut.
2. *Ausatmen* – so komplett wie möglich. Stellen Sie sich dabei vor, daß Sie Spannungen, Blockaden, überflüssigen Ballast, Gifte und Schlacken – alles, was Sie in Ihrem Leben jetzt nicht mehr brauchen – aus jeder Zelle Ihre Körpers herausspülen.

Der tibetische Energie-Atem

Der *tibetische Energie-Atem* ermöglicht Ihnen, etwa zehnmal mehr Sauerstoff und Energie aufzunehmen. Ihr ganzer Körper – jede Zelle – wird optimal mit Sauerstoff und Energie aufgeladen. Physische und psychische Spannungen und Blockaden werden abgebaut. Müdigkeit wandelt sich in Lebendigkeit. Der Geist wird klarer, Hören und Sehen schärfer, der Geruchs- und Geschmackssinn verfeinert. Die gesamte Wahrnehmung erhöht.

Der *tibetische Energie-Atem* ist rhythmisches Atmen. Unser Organismus reagiert auf ungewohnte Atemrhythmen genauso wie auf ungewohnte Körperhaltungen, Bewegungsabläufe und Bewegungsrhythmen: Sie unterstützen uns, auch im Gehirn, Blockaden in Form von rigiden Gedankenmustern und entsprechendem Verhalten aufzulösen. Wir eröffnen uns neue Sichtweisen. Wir werden freier in unserem Denken, in unserem Fühlen und entsprechend in unserem Handeln.

Ich empfehle, den *tibetischen Energie-Atem* im Stehen oder Sitzen durchzuführen. Sie können sich dabei auch bewegen. Sehr gerne praktiziere ich diese Atemmethode während des Spazierengehens und beim Walking und Joggen an frischer Luft.

1. *Einatmen* – zweimal kurz und rhythmisch durch die Nase, ohne zwischendurch auszuatmen. Saugen Sie Prana über den Atem in zwei kurzen Rhythmen nach oben in Ihr Gehirn, so als ob Sie den Duft einer Rose in jeden Winkel Ihres Gehirns pumpen.
2. *Ausatmen* – komplett und bewußt durch den Mund. Sie können Ihre Ausatmung mit einem seufzenden Ton unterstützen. Dabei lösen sich gleichzeitig Spannungen in Ihren Stimmbändern, im gesamten Hals-, Nacken- und Kehlkopfbereich – Blockaden im fünften Chakra werden abgebaut.

Beginnen Sie mit höchstens drei Minuten. Steigern Sie die Zeit entsprechend Ihres Befindens während des Atmens und danach. Um eine gewünschte Wirkung zu erzielen, gilt es drei wesentliche Punkte zu beachten:

1. Regelmäßigkeit,
2. Bewußtheit während des Atmens,
3. Keine Übertreibung.

Frei von Negativität durch die Kraft des Atems

Jeder Gedanke bildet eine unsichtbare mentale Form. Diese nach außen gerichtete Form – ob positiv oder negativ – kehrt wie ein Bumerang zu uns zurück. Früher oder später manifestiert sie sich dann in irgendeiner Art und Weise in unserem Körper oder in unserem Leben.

> Es gibt eine einfache Methode, mit krankmachendem, negativem Gedankengift, mit dem wir uns immer wieder identifizieren, umzugehen: Jedesmal, wenn Sie sich bei einem negativen Gedanken ertappen – über Sie selbst oder über andere –, holen Sie tief Luft. Während Sie ausatmen, stellen Sie sich vor, wie Sie dabei die negativen Gedankenformen, die sich in Ihrem Gehirn gebildet haben, mit einem Laserstrahl auflösen.

Das mag am Anfang etwas ungewohnt und schwierig sein. Mit zunehmender Übung werden Sie sich wundern, wie oft Sie sich dabei ertappen, zweifelnde, abwertende und negative Gedanken zu formen. Und immer müheloser gelingt es Ihnen, Gedanken bereits im Ansatz zu «löschen». Nach einiger Zeit regelmäßigen Übens können Sie dann ähnliche Gedankenformen auch bei Ihren Mitmenschen wahrnehmen und – anstatt zu reagieren – sich mit der gleichen Übung davor schützen. Und früher oder später entdecken Sie Ihren inneren Beobachter. Das bedeutet, daß Sie sich aus der Identifizierung mit Ihren Gedanken lösen können. Es ist das Wissen und die Erfahrung: Ich bin nicht der Gedanke. Ich bin die kreative Intelligenz des Denkenden – formlos und zeitlos.

Der heilende Atem

Der Atem ist unser Lebens-Reisebegleiter. Er ist unser intimster und weisester Lehrer und Heiler. Er führt uns zu unserem Ursprung, zur Quelle unseres Lebens und von dort wieder nach außen. Über den Atem können wir unsere Innen- und Außenwelt ins Gleichgewicht bringen. Das bedeutet, wir können innere und äußere Heilung erfahren, entsprechend unserer Bereitschaft, uns auf das Leben und damit auf die Liebe einzulassen.

Die folgende einfache Atemmethode unterstützt uns, unsere Heilkraft durch gezielte Atemlenkung zu entfalten:

Legen Sie Ihre Hände an die Stellen des Körpers, an denen Sie Spannungen, Schmerzen oder Disharmonien irgendwelcher Art verspüren. Sollten es tieferliegende Organe innerhalb Ihres Körpers sein, so verbinden Sie sich damit mit dem Handauflegen, mit dem Fluß Ihres Atems und mit Bewußseinslenkung.

1. *Einatmen* – während Sie sich vorstellen, wie Sie reines Prana – die universale heilende Lebensenergie – aus Ihrer Umgebung durch jede Öffnung, durch jede Pore Ihres Körpers aufnehmen.
2. *Ausatmen* – während Sie Ihre Aufmerksamkeit durch Ihre Arme und Handflächen zu den Problemzonen Ihres Körpers lenken. Sollte es Ihrer Kreativität entsprechen, können Sie in Ihrer Vorstellung heilende Farben durch Ihre Hände in die jeweiligen Körperteile strömen lassen. Bevorzugte Heilfarben sind: Blau, Rosa, Grün, Goldgelb, Violett. Vielleicht können Sie

nach einiger Zeit intuitiv erspüren, welche Farbe entsprechend Ihren Beschwerden die für Sie geeignete ist.

Der Atem des Herzens: Der einfache Herz-Atem

Der *Herz-Atem* verbindet uns mit unserem innersten Wesenskern – mit unserem Lebenskeim, mit unserem Ursprung. Er nährt und heilt die Flamme unseres Lebens. Und er unterstützt uns, die Weisheit, die Intelligenz und die Kraft unseres Herzens zu entfalten.

1. Schließen Sie Ihre Augen. Stehen, sitzen oder liegen Sie. Atmen Sie sanft und tief durch Ihre Nase ein und aus. Stellen Sie sich vor, daß Ihr Atem ausschließlich durch Ihr Brustbein tief in Ihre Brusthöhle ein- und ausströmt. Erlauben Sie Ihrem Herzen, mit jedem bewußten Atemzug «durchspült» zu werden.
2. Lassen Sie Ihren Atem allmählich langsamer, tiefer, satter und runder werden. Lenken Sie ihn in jene Räume Ihrer Brusthöhle, in denen Sie Enge, Beklemmung, Härte, Blockaden verspüren. Verschiedene Gefühle können auftreten – Angst, Trauer, Einsamkeit, genauso aber Freude, Geborgenheit, Berührtsein, Ergriffenheit. Erlauben Sie ihnen ihr Dasein. Verbinden Sie sich über den Atem mit diesen Gefühlen, wie immer sie auch sein mögen. Umarmen Sie sie, wie einen liebenden Freund, und atmen Sie dabei weiter – sanft, tief und rund – ohne Unterbrechung; fünf Minuten.

Der erweiterte Herz-Atem – die Magie des Herzens

Nach einiger Zeit können Sie den *Herz-Atem* mit der Kraft Ihrer Vorstellung ergänzen und erweitern. Diese Variante unterstützt Sie, Ihre Herzensenergie zu entfalten und zu erhöhen und Ihr Mitgefühl noch mehr zu entwickeln:

1. *Mit dem Herzen denken*
   Stellen Sie sich vor, tief in Ihrer Brusthöhle befindet sich an der Stelle Ihres Herzens ein Gehirn. Fühlen Sie und zitieren Sie innerlich während jeder Ein- und Ausatmung folgende Worte: *Mit dem Herzen denken!*
   Etwa ein bis drei Minuten.
2. *Mit dem Herzen sehen*
   Nach ein bis drei Minuten visualisieren Sie ein Auge, das anstelle Ihres Herzens in Ihrer Brusthöhle erscheint – in der Größe und Farbe, die sich für Sie richtig anfühlt. Mit jeder Ein- und Ausatmung fühlen und zitieren Sie innerlich: *Mit dem Herzen sehen!*
   Etwa ein bis drei Minuten.
3. *Mit dem Herzen hören*
   Anschließend visualisieren Sie ein Ohr, in der für Sie stimmigen Größe anstelle Ihres Herzens. Fühlen und zitieren Sie innerlich mit jeder Ein- und Ausatmung: *Mit dem Herzen hören!*
   Etwa ein bis drei Minuten.
4. *Mit dem Herzen sprechen*
   Abschließend visualisieren Sie einen Mund – in der für Sie stimmigen Größe – anstelle Ihres Herzens –

Mit dem Herzen denken

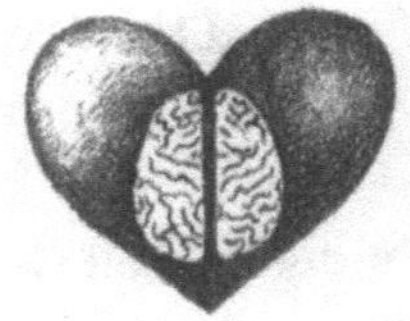

Mit dem Herzen sehen

Mit dem Herzen hören

Mit dem Herzen sprechen

tief in Ihrem Brustraum. Fühlen und zitieren Sie innerlich mit jeder Ein- und Ausatmung: *Mit dem Herzen sprechen!*
Etwa ein bis drei Minuten.

Wenn Sie den *Herz-Atem* einige Zeit regelmäßig üben, können Sie sich mit der *Magie des Herzens* verbinden, mit seiner Kraft und mit seiner grenzenlosen Weisheit. Sie werden sich und Ihre Mitmenschen aus einer anderen Sicht wahrnehmen. Sie entdecken die Wahrheit hinter der Wahrheit!

Vom Opfer zum Schöpfer – die Kunst des kreativen Affirmierens

Und «das Wort ist Fleisch geworden»

Denken ist verdichteter Geist, Körper ist verdichtetes Denken. Jeder Gedanke, jedes Wort, jedes Gefühl bewirkt Resultate in unserem Körper, in unserer Seele und darüber hinaus – in allen Bereichen unseres Lebens. Unser Körper folgt immer den Anweisungen unseres Denkens. Es sind unsere Gedanken, Bilder, Vorstellungen und Gefühle, die unser Leben bestimmen. Sie sind der Nährboden unseres Lebens, auf dem – je nach unserer Entscheidung – Gesundheit oder Krankheit, Alter oder Tod, Vitalität, Schwaches oder Siechendes gedeiht. Wir selbst sind die Alchimisten unserer Persönlichkeit, unseres Herzens und unseres Lebens. Wir selbst können unserem Körper durch unser Denken Gesundheit, Verjüngung und Langlebigkeit schenken. Genauso können wir ihn aber durch unbewußte Gedanken und Worte schwächen und zerstören. Entscheiden wir uns, uns von negativen Gedankenprogrammierungen zu lösen, können wir früher oder später wahrnehmen, daß unser menschlicher Körper die verdichtete Form reiner universaler Lebensenergie ist. Er ist sicht- und greifbare Göttlichkeit. So war er geplant von Anbeginn der Schöpfung.

Und «das Wort ist Fleisch geworden». Der Mensch als «Krone der Schöpfung» hat die Fähigkeit und den freien Willen zu denken. Was der Mensch in seinem Geiste für möglich hält, das kann er sich erschaffen. Wenn Gott den Menschen nach seinem Ebenbild geschaffen hat, dann ist auch der Mensch ein Schöpfer. Mit seinen klaren Gedanken erschafft er die Dinge, die er will, die Welt, die er will, seinen Körper und sein Leben, wie er will. Der Mensch ist Mitschöpfer und nicht ein willenloses Opfer des Ur-Schöpfers. Liegt es daher nicht an uns selbst, an unserer Entscheidung, wie bewußt wir unsere schöpferische Intelligenz einsetzen?

Gedanken sind eine schnelle, leicht bewegliche Form von Energie. Sie strahlen durch uns und wirken auf unsere Umgebung. Entsprechend unserer Ausstrahlung fühlen sich Menschen in unserer unmittelbaren Nähe wohl oder unwohl. Gedanken sind wie lebendige Wesen. Sie sind «keimfähig», das heißt, sie haben formgebende Kraft. Jeder Wirklichkeit geht ein Gedanke oder eine Idee voraus. Die Idee erschafft ein Bild von der Form, die daraus entstehen soll. Dieses Bild zieht Energie magnetisch an und bringt sie dazu, in jene Form zu fließen, die sich schließlich auf der physischen Ebene materialisiert. Aus Gedanken keimt Wirklichkeit. So, wie sich jedes Samenkorn zur Pflanze entfaltet, so drängt es jeden Gedanken und jedes Bild – entsprechend seiner Intensität und Kraft –, sich früher oder später zu verwirklichen. Sowohl Pflanzen als auch Gedanken, Bilder und Worte unterliegen dem geistigen Gesetz von Aussaat und Ernte. Was immer auch in unserer Gedanken- und Bilderwelt geschieht – ob positiv, negativ oder neutral –, es wird sich in unserem Leben widerspiegeln. Die «Früchte», die wir ernten, können nie anders sein als die «Saat», die wir ausstreuen, und die Energie, die wir mit der Saat düngen.

Unser menschliches Denkvermögen, unsere kreative Fähigkeit der Vorstellung und unsere Sprache sind ein großes Geschenk, dem eine gewaltige Macht zugrunde liegt. Wir können mit unseren Gedanken und Worten Disharmonie, Unordnung und Zerstörung verursachen. Ebensogut können wir aber Ordnung, Harmonie und Heilung bewirken – in uns selbst und in unserer Umgebung. Es ist unsere Entscheidung, welche Richtung wir wählen.

Sprache hat die Fähigkeit, Wunden zu schlagen. Sie kann aber auch als wirksames Instrument zur Heilung eingesetzt werden. Den meisten von uns erscheint Denken und Sprechen als etwas Selbstverständliches. Es ist uns kaum bewußt, was wir damit bewirken können. Gedanken, Gefühle und Sprache sind unsere Brücke zu unseren Mitmenschen. Sprache ist das Tor, durch das unsere Gedanken in die Außenwelt strömen. Sprache kann unsere Gedanken zu Begriffen verdichten und ihnen schöpferische Form geben. Durch Achtsamkeit auf unser Denken, Fühlen und Sprechen können wir die Kraft der Sprache so konzentrieren, daß das Wort wie «ein Pfeil mitten ins Ziel fliegt». Aus diesem Zentrum heraus kann sich das vorgestellte Bild, verbunden mit der Energie des Gefühls, verwirklichen. Auf diesem Wege geschieht in uns und um uns herum eine große Veränderung:

Wir entwickeln uns vom Opfer zum Schöpfer
in dem Zeitraum und in dem Umfang,
indem wir unser innerstes Potential
durch die Kraft unserer Gedanken
und unseres Wortes,
mit der Macht unserer bildhaften Vorstellung
unter Einbeziehung unseres Gefühls
in der Welt verwirklichen!

Im folgenden finden Sie fünf wesentliche Hinweise, die Sie unterstützen, Ihre innere Fülle gezielt und wirkungsvoll im Außen zu manifestieren:

1. *Das «Jetzt» zählt*

Affirmation – lateinisch: firmus – fest, stark, kräftig – bedeutet Bejahung, Bestätigung, Versicherung. Eine Affirmation sagt entschieden aus, daß etwas jetzt schon so ist. Sagen Sie also nie: «Ich werde» ... «ich könnte» ... oder: «Ich würde ein glücklicher, erfolgreicher, liebender Mensch sein ...», sondern: «Ich bin ein glücklicher und erfolgreicher Mensch.» Je öfter, bewußter und überzeugender Sie affirmieren und sich dabei vorstellen, daß alles bereits *jetzt* schon so ist, desto schneller und intensiver wird sich das Resultat einstellen. Nehmen Sie dabei wahr, wie sich das Bewußtsein von Glücklichsein und von Erfolg in allen Bereichen Ihres Lebens anfühlt. Denken und fühlen Sie sich in Ihre Worte hinein, mit Ihrem ganzen Körper, mit Ihrem Herzen, mit der Kraft Ihrer Gefühle! Werden Sie zu dem gedachten und gesprochenen Wort, zu Ihrer Affirmation. Erinnern Sie sich: «*Und das Wort ist Fleisch geworden!*»

2. *Kein «nicht» und «un»*

Eine verneinende Affirmation ist ein Widerspruch in sich, die Quadratur des Kreises. Unser Unterbewußtsein kennt keine Verneinungen. Wenn Sie sich also suggerieren: «Ich habe keine Angst», dann versteht Ihr Unterbewußtsein: «Ich habe Angst.» Sie erreichen damit das Gegenteil von dem, was Sie wollten. Wählen Sie stattdessen eine positive Formulierung: «Ich habe Mut!» Eine Affirmation sollte eine klare Aussage haben. Je kürzer und einfacher ein Satz, desto leichter wird die Affirmation vom Unterbewußtsein aufgenommen. Vermeiden Sie Weitschweifigkeit, und achten Sie darauf, statt vieler, umständlicher Formulierungen in einem klaren Satz den Inhalt Ihrer Affirmation genau auf den Punkt zu bringen.

3. *Entspannt geht es leichter*
Affirmationen, die im Alpha-Zustand – in einem losgelösten, entspannten Bewußtseinszustand – durchgeführt werden, wirken am besten, da sie dann ohne äußere Störfaktoren vom Unterbewußtsein aufgenommen werden können. Ich empfehle, Affirmationen und Visualisierungsübungen vor dem Einschlafen und morgens unmittelbar nach dem Aufwachen durchzuführen, solange unser Bewußtsein und unser Denken noch nicht vom Tagesgeschehen beeinflußt sind. Manchmal affirmiere ich auch während eines Entspannungsbades oder während meditativer Bewegungsrituale, beispielsweise während ich die *Fünf Riten* oder das *Surya Namaskar* durchführe, oder beim Joggen.

4. *Wie lange und wie oft*
Es ist inzwischen wissenschaftlich belegt, daß das menschliche Gehirn einundzwanzig Tage braucht, um neue Impulse umzusetzen. Ich arbeite daher mit für mich besonders wichtigen und persönlichen Affirmationen jeweils drei Wochen lang, bevor ich mir neue Sätze formuliere. Auch das Niederschreiben von Affirmationen ist meiner Erfahrung nach eine der wirkungsvollsten Techniken. Schreiben Sie jede Affirmation mindestens dreimal, noch besser zwölfmal. Bleiben Sie die ganze Zeit über mit Ihrem Bewußtsein beim Inhalt der Affirmation. Und damit sie nicht ein mechanischer, abstrakter Leitsatz bleibt,

ist es wichtig, die Suggestivformel unbedingt mit unserer Vorstellungskraft zu verbinden. Fühlen Sie sich in Ihre Worte hinein. Lassen Sie Ihre ganze Energie und Aufmerksamkeit in das geschriebene Wort strömen. Je stärker und bewußter das Gefühl, je intensiver die bildhafte Vorstellung und die bewußte Aufmerksamkeit während des Schreibens, desto wirksamer die Affirmation. Lassen Sie sie aus Ihrem Herzen strömen.

5. *ICH BIN – Ich affirmiere, also bin ich*
Ich Bin – diese beiden Schöpfungsworte, bewußt ausgesprochen – in Gedanken oder laut –, verstärken jede Affirmation. Sie verbinden ihren Inhalt mit unserer *Ich-Bin*-Präsenz, unserer Schöpferkraft. Wenn Sie sich vor jeder Affirmation mit Ihrem Herzen verbinden, mit Ihrem innersten Wesenskern, können Sie wahrnehmen, wie Ihre persönlichen Grenzen allmählich in den Hintergrund treten und wie Sie tatsächlich immer mehr – auch in Ihrem Alltag – aus Ihrem Herzen, aus der Ebene Ihrer *Ich-Bin*-Präsenz, aus Ihrem Höheren Selbst, denken, fühlen, sehen, hören, sprechen und handeln. Auf meinem persönlichen Weg sind es besonders die *Ich-Bin*-Affirmationen, die es mir ermöglichen, mich mehr und mehr aus der Rolle des Opfers zum Schöpfer meines Lebens zu wandeln. Mehr Liebe, Freiheit, Unabhängigkeit und Leichtigkeit konnten in mein Leben strömen.

Wenn «Gott den Menschen nach seinem Ebenbild» geschaffen hat, dann bin auch ich ein Schöpfer. Selbst wenn mir diese Erfahrung nur zeitweise gelingt, erlebe ich Augenblicke, in denen ich auf einmal entdecke, daß es gar nichts mehr zu wünschen oder zu affirmieren gibt, weil alles schon da ist. Bedingung ist plötzlich zu Bedingungslosigkeit geworden. Alles «Machen» ist augenblicklich überflüssig geworden, wandelte sich in ein befreiendes «Geschehenlassen» durch mich – mit demselben Ergebnis: Fülle und gleichzeitig Frei-Sein von der Fülle, verbunden mit dem Wissen und dem Vertrauen, daß mir alles zur Verfügung steht. Das kleine «Ich bin» ist eins geworden mit dem großen *Ich Bin*. Und in diesem Bewußtsein gibt es nichts mehr zu wünschen, denn alles ist, war schon und wird immer dasein ... Ich bin wieder zu Hause angekommen ... Es ist wie die Geburt einer satten Glückseligkeit.

Heilender Umgang mit negativen Gedanken!

Damit die Affirmationen wirkungsvoller sind, gibt es eine wunderbare Vorübung, die unser Denken reinigt und unser Bewußtsein aufnahmefähiger macht:

> Jedesmal, wenn Sie sich bei negativen, zweifelnden oder kritischen Gedanken ertappen, denken Sie sofort *stop* oder *löschen* und ersetzen diesen Gedanken mit der entsprechenden Gegenaffirmation, beispielsweise:
> Niemand liebt mich –
> *Ich ... (Name) ... liebe mich! Ich ... (Name) ... bin geliebt!*
> Das kann ich nicht –
> *Ich ... (Name) ... bin grenzenloser Dinge fähig!*

Im folgenden habe ich einige Bejahungssätze und *Ich-Bin*-Affirmationen für Sie ausgesucht. Einige davon zitiere ich selbst während des Übens der *Fünf Riten*. Halten Sie sich daran nicht fest. Finden Sie die für Sie geeigneten Sätze Ihrer persönlichen Kreativität, Ihrem eigenen Sprach- und Wortgefühl entsprechend – kurz, knapp, einfach. Begeben Sie sich zuerst in einen losgelösten Zustand. Verbinden Sie sich mit Ihrem Herzen, mit Ihrem Höheren Selbst. Erlauben Sie, die Affirmationen von selbst aufsteigen und fließen zu *lassen*, Ihrer jeweiligen Situation in Ihrem Alltag entsprechend. Das bedeuter *kreatives Affirmieren.*

Zur Einstimmung und zum Schluß affirmiere ich immer: *Ich ... (Name) ... bin jetzt bereit und offen, alles Gute anzunehmen. Ich danke meiner Ich-Bin-Kraft, dem Schöpfer in mir, für alle seine Geschenke!*

Jeder Atemzug gibt mir neue Lebenskraft!
Mit jeder Ausatmung lasse ich los, was mich körperlich, seelisch und geistig belastet!
Ich vergebe jedem und allem, was mir jemals Unbehagen bereitet hat. Wir alle sind frei, jetzt und jederzeit!
Fülle, Liebe und Erfolg strömen in alle Bereiche meines Lebens!
Mein Körper ist der Ausdruck strahlender Lebenskraft!
Meine Gedanken, Worte, Gefühle und Handlungen sind im Gleichgewicht!
Ich erlebe jetzt liebevolle, nährende und unterstützende Beziehungen in meiner Welt!
Ich entscheide mich jetzt, Krankheit, Gebrechlichkeit und Alter durch Gesundheit, Vitalität und Lebensfreude zu ersetzen!
Jede Zelle meines Körpers wird durch eine reinere, vollkommenere ersetzt!
Ich erkenne und akzeptiere jetzt die Weisheit meines Körpers!
Ich übergebe meinen Körper bis in jeden Winkel der reinen universellen Lebensenergie!

Die Reinheit und Klarheit der universellen Lebensenergie transformiert jede Zeile meines Körpers!

ICH BIN die Intelligenz und die Weisheit meines Herzens!
ICH BIN die grenzenlose Liebe und Freude, die durch jede Zelle meines Körpers strömt!
ICH BIN jetzt eins mit der schöpferischen heilenden Kraft, die in jeder Zelle meines Körpers wohnt und wirkt!
ICH BIN die strahlende Lebens- und Liebeskraft, die durch mich auf meine Umgebung wirkt!

Om Mani Padme Hum – Du Juwel im Lotus, Du Buddha im Herzen des Menschen

Die folgenden beiden Mantren sind bedeutende, bekannte Mantren aus dem Buddhismus. Das Wort Mantra stammt aus dem Sanskrit. Es bedeutet soviel wie Klang, Laut. Häufig sind es kraftgeladene Silben oder eine Folge von kraftgeladenen Worten. Die regelmäßige Wiederholung, das Rezitie-

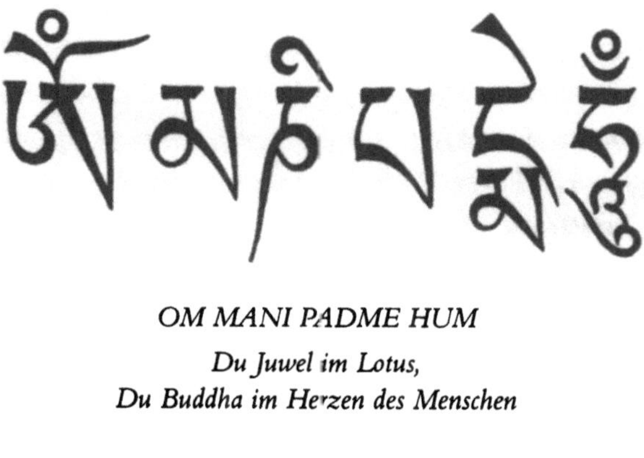

OM MANI PADME HUM

Du Juwel im Lotus,
Du Buddha im Herzen des Menschen

ren eine Mantras, beruhigt das Denken, klärt den Geist. Die folgenden beiden Mantren führen zur Herzensöffnung und ermöglichen Herzenserfahrungen. Ich zitiere sie sehr gerne während des Übens der *Fünf Riten* und während des *Sonnengesangs*. Sie lassen sich gut mit dem Atemrhythmus und mit dem Übungsablauf verbinden. Die Dehnung und Öffnung des Körpers in Kombination mit dem Atem und dem Rezitieren dieser beiden kraftgeladenen Silben ermöglichen tiefere innere Erfahrungen.

Om Mani Padme Hum ist das älteste und bedeutendste Mantra des Tibetischen Buddhismus. *Juwel im Lotus* ist die Gleichsetzung des Juwels mit dem Erleuchtungsgeist, der durch das wiederholte Rezitieren des Mantras im Lotus des menschlichen Bewußtseins (im Herzen) erzeugt werden soll. Für den tibetischen Buddhisten ist dieses Mantra Ausdruck der grundlegenden Haltung des Mitgefühls für alle Lebewesen. Das Rezitieren drückt die Sehnsucht und den Wunsch nach Befreiung – *Nirvana* – für sich und zum Wohle aller Lebewesen aus.

Sie können die Mantren jeweils mit dem Ein- und mit dem Ausatmen zitieren. Jede Silbe ein Atemzug, jeweils während der Ein- oder Ausatmung. Als sehr wirkungsvoll hat sich folgende Version erwiesen:

> *Einatmen – Om Mani* – direkt zum Herzen einatmen
> *Ausatmen – Padme Hum* – vom Herzen in alle Richtungen ausatmen

Das Ausatmen mit den Worten *Padme Hum* geschieht aus dem tiefen Raum Ihres Herzens, für sich selbst und zum Wohle aller Lebewesen.

Experimentieren Sie, wie Sie selbst sich am besten damit fühlen, vor allem, wenn Sie die Mantren oder Ihre persönlichen Affirmationen nach längerer Zeit des Übens und einiger Erfahrung mit den *Fünf Riten* oder mit dem *Sonnengesang* verbinden.

Das Herz-Sutra

Gate – Gehe weiter
Gate – Gehe weiter
Paragate – Gehe darüber hinaus
Parasamgate – Gehe vollkommen darüber hinaus
Bodhi Svah – Im reinen Geist sei fest gegründet

Das *Herz-Sutra* ist eines der kostbaren Juwelen eines «verkörperten Bodhisattvas» – des Dalai Lama. Er erklärt, daß der Weltfrieden nur durch die Transformation des Herzens zu verwirklichen sei: *Zuerst müssen Probleme im menschlichen Herzen gelöst werden, dann lösen sich auch die anderen selbstverursachten Probleme der Welt ... Unser Herz ist unser Tempel, Güte und Weisheit unsere Philosophie.*

Dieses buddhistische Mantra, das Herz-Sutra – die Quintessenz des Tibetischen Buddhismus –, so oft wie möglich rezitiert, ermöglicht die Heilung und Transformation des Herzens und erweitert das Mitgefühl für alle Lebewesen.

Gate Gate Paragate Bodhi Svah

Gate – gehe weiter
bezieht sich auf den Weg der Sammlung.
Gate – gehe weiter
bezieht sich auf den Weg der Vorbereitung.
Paragate – gehe darüber hinaus
weist auf den Übergang von der weltlichen zur geistigen Ebene hin. Der Schein der Dualität wird überwunden.
Parasamgate – gehe vollkommen darüber hinaus
ist der Raum, in dem wir die Leere berühren.
Bodhi Svah – im Reinen Geist sei fest gegründet.
Hier erreichen wir die Ebene des Reinen Geistes, jener Seinszustand, der die Quelle von Heilung, Hilfe und Glück für alle Lebewesen ist.

Täglich ein Rendezvous mit dem *Ich Bin*

Je bewußter und wacher wir leben, je einfacher wir werden, desto mehr erkennen wir, daß der Alltag kein Hindernis ist auf dem Weg zu unserer Wahrheit. Egal, was wir tun, es ist die Meditation des Augenblicks, was immer gerade es ist – Autofahren, kochen, einkaufen, Bücher schreiben, Zähne putzen, die *Fünf Riten,* telefonieren, lieben usw. Um von unserer *Ich-Bin*-Essenz, von der Weisheit, Intelligenz und Kraft unseres Herzens berührt zu werden, müssen wir weder ein berühmter, supererfolgreicher Mann noch eine faszinierende, außergewöhnliche Frau sein oder werden. Wir brauchen auch nicht etwas Besonderes in der Welt darzustellen oder etwas Noch-nie-Dagewesenes auf eine besondere Art und Weise zu tun. Wir müssen auf keinem Gebiet ungewöhnliche und große Leistungen erbringen, noch mit hoher Intelligenz brillieren. Es geht darum, wieder nackt und authentisch zu werden. Nur aus dem Einfachen, aus dem Wahrhaftigen, aus der Tiefe unseres ursprünglichen Wesens, in dem das Geheimnis unseres Lebens verborgen ruht, kann das Strahlende, die Freude und Glückseligkeit hervorströmen. Nur aus diesem Raum kann sich die Weisheit und Intelligenz unseres Herzens entfalten und in der Welt verwirklicht werden. Und das kann überall geschehen, jederzeit, egal, was wir gerade im Alltag tun. Es ist jenseits aller Begriffe und doch ganz einfach: Es ist unser natürlicher Zustand – das zeitlose *OM*, das ewige *Ich Bin* ... Mit anderen Worten:

Aufwachen und aus der Weisheit und Intelligenz
unseres Herzens zu leben,
bedeutet aus dem Augenblick zu leben
und gleichzeitig die Ewigkeit berühren ...

Folgende Übung unterstützt Sie, sich Ihrem ursprünglichem Wesen und dem Geheimnis, das darin verborgen ist, jederzeit und jeden Augenblick auch während des Alltags anzunähern. Und das bedeutet: *den Augenblick und die Ewigkeit zu verbinden.*

Beobachten Sie wenigstens einmal täglich, wie oft Sie zum Sklaven von Streß oder Emotionen werden, die Sie selbst verursacht haben. Fragen Sie sich: Wer ist im Streß? Wer hat Angst? Wer gerät in Panik oder Wut? Wer ärgert sich? Wer ist traurig? Wer gerät in Zeitnot? Wer hat Schmerzen? Wer hat das verursacht? Ich selbst? Wo halten Sie im

Körper, im Denken und im Atmen fest? Ausatmen und Loslassen!

Unsere *Ich-Bin*-Essenz, unser *Höheres Selbst,* ist niemals von unserer Alltagspersönlichkeit getrennt. Doch wir verlieren uns und trennen uns immer wieder von unserer wahren Natur, von unserem ursprünglichen Wesen. Erlauben wir uns öfter ein «Rendezvouz» mit unserem zeitlosen *Ich Bin,* mit unserer innerer Wirklichkeit, indem wir uns daran erinnern und auch während unserer Alltagsaktivitäten fragen: Wer bin ich? Wer oder was handelt (denkt, sieht, hört, spricht, fühlt) – aus mir, durch mich, mit mir? Sie werden sich wundern, wie leicht und locker Ihnen nach einiger Zeit vieles von der Hand geht. Vielleicht erkennen Sie sogar, wie überflüssig bisher für Sie so wichtig gehaltene Arbeiten und Tätigkeiten werden!

Eine Unterstützung für diese *Meditation des Augenblicks* ist es, die beiden Worte *Ich Bin* oder *SO HAM* mit dem Atem zu verbinden:

Einatmen – ICH Ausatmen – BIN oder
Einatmen – SO Ausatmen – HAM

SO HAM bedeutet dasselbe wie *ICH BIN.* Es ist eine der heiligen Formeln, ein Mantra des nicht dualistischen Vedanta aus dem Sanskrit. Es bringt die Identität des Atman mit Brahman zum Ausdruck.

Die Fünf Diamanten – fünf Energieübungen zur Geburt des Herzens

Es gibt Orte, die bergen Geheimnisse.
Und wenn du sie aufsuchst, kann es passieren,
daß du dort das Geheimnis plötzlich in dir selbst entdeckst…

Die *Fünf Diamanten* sind fünf einfache Energieübungen, die jeder für sich selbst üben und, ähnlich den Affirmationen, seinen eigenen Lebensbedürfnissen entsprechend weiterentwickeln kann. Es ist eine Verbindung von Mudras (Gesten), Atemübungen und Aufmerksamkeitslenkung mit der Kraft der Vorstellung. Es sind fünf einfache natürliche Bewegungen aus den *Zwölf Diamanten*, einem Zyklus aus dem Diamant–Yoga von Michael Barnett. Sie können jede Übung einzeln für sich üben und entsprechend Ihrer Kreativität etwas Neues daraus entstehen lassen. Sie können sie auch mit den für Sie jeweils geeigneten Affirmationen oder Mantren verbinden. Forschen Sie, experimentieren Sie!

Die *Fünf Diamanten* unterstützen uns, unseren physischen Körper mit unserem Energiekörper zu verbinden. Sie fördern den Fluß unserer Kreativität und die Kraft unserer Intuition. Dabei können wir mehr und mehr den Raum unseres innersten Wesens berühren, erfühlen und heilen. Jenen Raum, in dem jeder von uns das Juwel seines Geistes, seinen strahlenden Diamanten verborgen hält – dort, wo unser schlafender Buddha ruht und auf uns wartet – ewig, unsterblich, zeitlos, um als «Neuer Mensch», vielleicht als verkörperter Bodhisattva wiedergeboren zu werden: der lebendige, strahlende Diamant, der wir im Grunde unseres Wesens immer sind. Das Elixier unserer Unsterblichkeit – das aus ihrer strahlenden Essenz heraus durch jede Pore unseres lebendigen, menschlichen Körpers sich verströmen und lieben möchte. Die höchste Schöpferkraft, die durch uns denkt und hört, fühlt und spricht, sich bewegt und handelt und sich immer wieder neu durch uns verwirklichen und befreien möchte.

Die *Fünf Diamanten* erhöhen die Frequenz unseres Herzens, die Fähigkeit zu fühlen. Sie helfen uns, in die Dimension der reinen unverschleierten Intuition vorzudringen. Konsequentes Üben ermöglicht uns, ein Stückchen aus jenem Raum, aus jener Dimension mehr und mehr in unseren Alltag herüberzuholen, bis es irgendwann keinen Unterschied mehr gibt zwischen unserem Alltag und jenem Raum, keine Trennung mehr zwischen hier und dort, zwischen Innen und Außen, zwischen Intuition und Intellekt, Gefühlen, Gedanken und Körper. Auf dieser Reise lernen wir Schritt für Schritt die scheinbare Welt von der wirklichen Welt zu unterscheiden. In der Relation, in der wir wieder wahrhaftig, unschuldig, nackt und einfach werden, erkennen und durchschauen wir unsere eigenen Masken und Aushängeschilder und die unserer Mitmenschen. Je mehr es uns dabei gelingt, uns von begrenzenden «Wertungskostümen» zu entkleiden und alte, verstaubte, einengende «Musteranzüge» abzulegen, desto mehr finden wir zurück zur Weisheit und Intelligenz unseres Herzens. Wir erkennen und unterscheiden Illusion und Wirklichkeit und – schließlich erleben wir die Integration der beiden Welten und damit die heilende Integration aller Gegensätze im Herzen unseres Da-*Seins,* im Zentrum unseres Wesens. Dann ist die heilende Aussöhnung mit unserem innersten Wesen vollendet, die Intelligenz unseres Herzens verwirklicht. Wir sind zu Hause angekommen. Jede Trennung ist aufgehoben.

Der letzte Schlüssel zum richtigen Üben

Bevor Sie mit den *Fünf Diamanten* beginnen, möchte ich wieder auf einige wesentliche Punkte hinweisen, die genauso für alle anderen Übungen gelten:

- Üben Sie anfangs möglichst zum gleichen Zeitpunkt und am gleichen Ort.
- Achten Sie darauf, daß Sie fünf bis zehn Minuten ungestört bleiben. Sie gehören nur Ihnen – kein Telefon, keine Hausglocke.
- Je entspannter Sie üben, jeden Leistungszwang loslassen, desto mehr Bewußtheit kann sich entfalten. Blockierte Energie kann wieder in Fluß kommen. Öffnen Sie sich der universellen Lebensenergie. Lassen Sie sich von ihr durchdringen, so daß die höchste Schöpferkraft, die kreative Intelligenz mehr und mehr durch Ihre verdichtete Körperform strömen und wirken kann.
- Üben Sie nicht aus Ihrem Kopf, aus Ihrem Verstand, sondern aus dem Raum des «Nicht-Tuns» – *Wu Wei* – das heißt: vom Üben-Wollen zum Üben-Lassen, zum Geübt-Werden. Das ist das Üben aus dem Tao. Es hat die höchste Wirkung.
- Lassen Sie sich von der Weisheit des Tao bewegen – von der Stimme Ihres Herzens – nicht von Ihrem Intellekt.

Sie ist weiser als der Käfig unseres begrenzten Verstandes, als alle unsere Vorstellungen und Erwartungen, die wir von uns, von anderen, von allen Übungen und deren Wirkungen haben.

- Bleiben Sie präsent, bewußt in jedem Augenblick – öffnen Sie besonders Ihr Herz, Ihren ganzen Körper, Ihre Hände. Öffnen Sie sich völlig dem, was aus Ihnen strömt. Übergeben Sie sich der universellen Lebensenergie von außen, die verbindend in Sie strömen möchte. Irgendwann erkennen Sie plötzlich: *Es bewegt mich, ich werde bewegt!* Aus einer unendlichen Stille heraus, nicht: Ich mache. Das ist echtes Üben, authentisch, wahrhaftig. Mehr und mehr werden Sie auch die *Fünf Riten,* den *Sonnengesang* und jede andere Tätigkeit in Ihrem Alltag in diesem Stil durchführen können.
- Üben Sie regelmäßig. Lassen Sie das Üben zu einem natürlichen Bestandteil Ihres Lebens werden wie Essen, Trinken, Zähne putzen. Dann entdecken Sie auf einmal, daß Sie immer mehr in jenen Zustand kommen, der wahre Meditation ist. Ihr absichtsloses Da-*Sein,* überall und jederzeit.

Vorübung

Stimmen Sie sich ein. Spüren Sie sich. Spüren Sie alles, was da ist. Beobachten Sie Ihren Atem. Nehmen Sie sich Zeit. Erlauben Sie sich entspannte Ruhe. Vertrauen Sie, daß Sie alles finden, was für Sie da ist, immer da war und immer da sein wird. Erlauben Sie sich, berühren zu lassen, berührt zu werden, von Ihrer tiefsten Wahrheit – aus Ihrem innersten

Wesenskern, unmittelbar hinter dem Raum Ihrer mehr oder weniger bewußten Sehnsucht.

1. Nehmen Sie langsam die Hände nach oben. Streifen Sie Ihren ganzen Körper aus – vom Kopf beginnend über Gesicht, Nacken, Hals, Arme, Brust, Bauch, Rücken, Gesäß, Genitalien, Beine, Füße. Stellen Sie sich vor, daß Sie sich von unnötigem, überflüssigem Ballast reinwaschen, daß Sie alles abstreifen, was nicht Ihrem innersten Wesen, der Wahrheit und der Weisheit Ihres Herzens entspricht.
2. Halten Sie einen Augenblick inne. Spüren Sie sich, Ihren Atem, ganz ruhig, ganz entspannt. Beginnen Sie dann langsam und bewußt Ihre Hände zu schütteln, ganz locker aus den Handgelenken. Schütteln Sie alles Überflüssige, unwesentlich Gewordene heraus. Anschließend bleiben Sie einen Augenblick entspannt stehen, während Sie in Ihren ganzen Körper hineinspüren, von Kopf bis Fuß. Erinnern Sie sich, bei den *Fünf Diamanten* ist das wichtigste, nichts zu «machen», sondern sich bewegen zu lassen. Es geht um die befreiende, lösende Bewegung, nicht vom Kopf, sondern aus dem Impuls von innen nach außen.

Mit Himmel und Erde aufladen

1. Die erste Übung ist sehr wichtig. Sie verstärkt die Wirkung der folgenden Diamanten. Stellen Sie sich aufrecht hin. Lenken Sie Ihre Aufmerksamkeit ausschließlich in Ihre Füße. Fühlen Sie den Kontakt mit Ihren Fußsohlen am Boden. Vielleicht gelingt es Ihnen, zu sehen und zu fühlen, wie aus Ihren Fußsohlen Wurzeln in die Erde wachsen. Wenn Sie einige Zeit mit Ihrem Bewußtsein dort bleiben, kann es geschehen, daß Sie ein Prickeln und Pulsieren in Ihren Fußsohlen spüren.
2. Öffnen Sie sich dann ganz weit nach oben, Arme und Hände weit in den Raum dehnen, Füße und Beine breit, Knie locker.
   Einatmen – während Sie sich vorstellen, wie Sie über Ihre Hände, Arme und über die Krone Ihres Kopfes Energie aus dem Kosmos in Ihren Körper holen, tief in Ihrem Brustraum sammeln, in Ihrem Herzen zentrieren.
   Ausatmen – während Sie den Energie-Strom durch Ihren Körper, die Beine hinunter über die Fußsohlen tief in das Herz der Erde lenken; dreimal.
3. Anschließend lenken Sie die Erdenergie durch Ihren Körper nach oben zum Himmel.
   Einatmen – während Sie sich vorstellen, wie Sie aus dem Herzen der Erde Energie durch Ihre Füße, Ihre Beine, Becken und Bauch nach oben ziehen, tief in Ihrem Brustraum sammeln, in Ihrem Herzen zentrieren.
   Ausatmen – während Sie den Energie-Strom aus Ihrem Herzen nach oben durch Ihren Hals, Kopf, Arme und Hände in den Kosmos lenken; dreimal in jede Richtung.

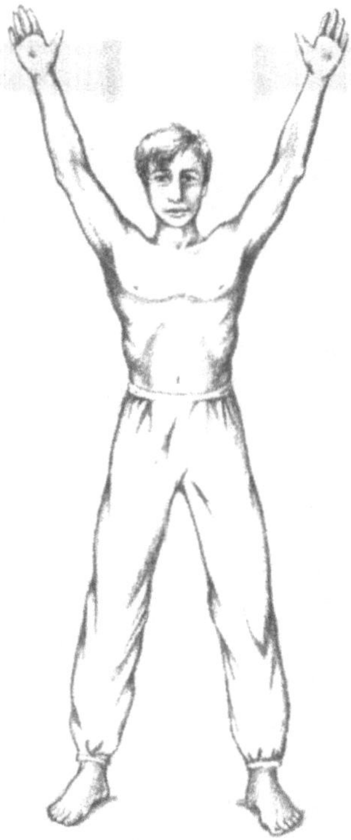

4. *Einatmen* – während Sie kosmische Energie aus dem Raum über Ihrem Kopf durch Ihre Hände und Arme und gleichzeitig Energie aus der Tiefe der Erde durch Ihre Fußsohlen und Beine in Ihren Körper «saugen». Sammeln und zentrieren Sie die Energie wieder in Ihrem Herzen.
Ausatmen – während Sie sich vorstellen, wie Sie «irdische» und «kosmische» Energie aus dem Raum Ihres Herzens in Ihre Umgebung verströmen; je dreimal.

5. Abschließend legen Sie Ihre Fingerspitzen auf Ihr Brustbein, sammeln und zentrieren sich wieder in Ihrem Herzen. Stellen Sie sich vor, wie gebündelte, weiche, goldgelbe heilende Lichtstrahlen aus Ihren Fingerspitzen tief in den Raum Ihres Herzens fließen, während Sie sanft dorthin atmen. Beobachten Sie, was geschieht.

Vielleicht nehmen Sie wahr, wie Ihr Körper zur Brücke, zum Vermittler zwischen Himmel und Erde wird, wie Himmel und Erde, wie «kosmische» und «irdische» Energie sich in der Tiefe Ihres Körpers begrüßen, sich gegenseitig befruchten und heilend verbinden, ... und daß die Menschwerdung letztlich nur tief innerhalb unseres Körpers geschehen kann, im Herzen unseres Herzens, im Herzen jeder Zelle – über die heilende Aussöhnung von Himmel und Erde, von Geist und Materie in uns.

Die Dornenhecke öffnen

1. Kreuzen Sie Ihre Arme vor der Brust. Die Hände liegen leicht auf den Schultern. Drücken Sie Ihren Mittelfinger mit leichtem Druck an die Stellen, an denen Sie Ihre Schultern berühren. Ihre Knie sind leicht gebeugt.
2. Ausatmen – während Sie Ihren Oberkörper weit nach vorne beugen. Streichen Sie dabei mit den Händen über den Brustkorb seitlich nach außen. Stellen Sie sich vor, wie Sie alles Belastende wie Dornengestrüpp rechts und links wegschieben. Atmen Sie mit hörbarem seufzenden Ton aus, wieder mit der Vorstellung, Sie befreien

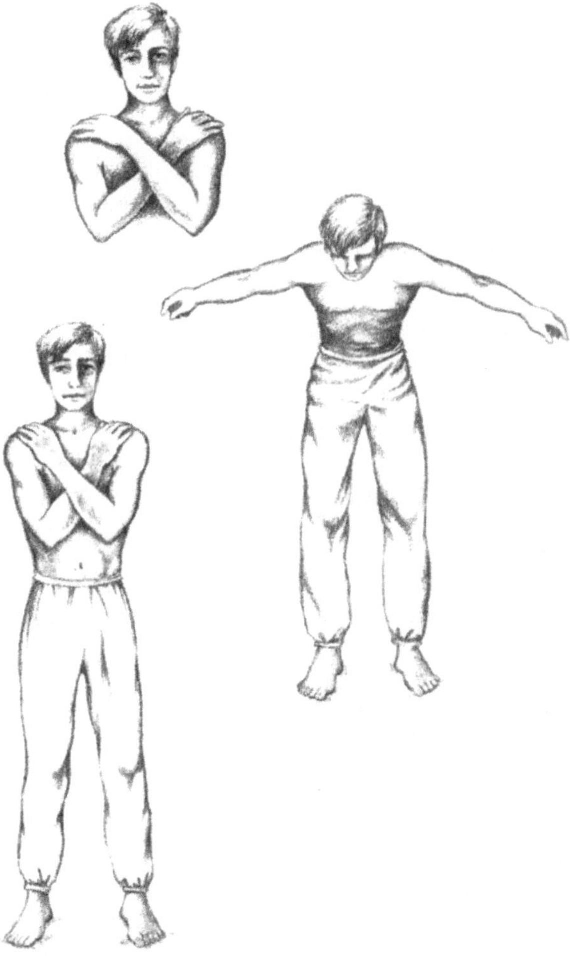

sich von altem verdörrtem Gestrüpp: Widerstände, Ängste, Traurigkeit, Zweifel, Einsamkeit usw. – einfach von allem, was Sie daran hindert, Freiheit zu erleben und zu genießen.
Einatmen – während Sie sich wieder aufrichten und die Hände in die Ausgangsposition zurückbringen; drei- bis fünfmal.

Beachten Sie:
Ausatmen – mit Ton – Arme seitlich nach außen
Einatmen – zurück in die Ausgangsposition

Die Punkte der Freude aktivieren

Die *Punkte der Freude* sind wichtige Energiepunkte an unserem Körper. Sie befinden sich unmittelbar am oberen Brustkorb unter den Schultergelenken (siehe Abbildung).

1. Bringen Sie den Mittelfinger Ihrer rechten Hand an Ihre rechte Schulter und Ihren linken Mittelfinger an Ihre linke Schulter, direkt zu den *Punkten der Freude*. Bleiben Sie einige Atemzüge lang genau an diesen Punkten, damit Sie mit Ihnen bewußt Kontakt aufnehmen können. Atmen Sie dann tief ein.
2. *Ausatmen* – mit hörbarem Ton, während Sie gleichzeitig Ihren Oberkörper nach vorne beugen und leicht in die Knie gehen. Ihre Hände beschreiben einen kreisförmigen Bogen nach vorne. Stellen Sie sich vor, Sie ziehen alles Negative aus Ihrem Körper und aus Ihrem Energiefeld, was Sie an Ihrer Lebensfreude hindert, was den Fluß Ihrer Freude blockiert. Übergeben Sie es mit einer

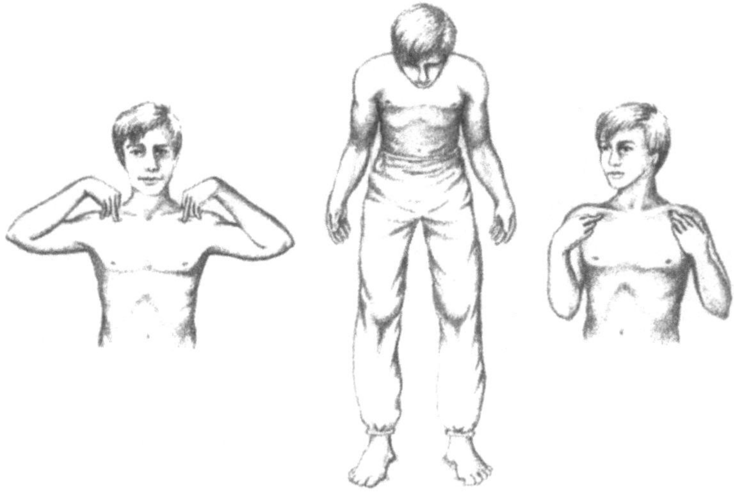

Handgeste nach unten der Erde, wie Kompost, auf dem Neues wachsen kann.

3. *Einatmen* – während Sie zurückkommen und Ihre Mittelfinger wieder an die *Punkte der Freude* bringen; drei- bis fünfmal.
4. Beenden Sie diese Übung unbedingt mit den Händen an den *Punkten der Freude.* Halten Sie diese Position mit einigen tiefen Atemzügen. Dann bringen Sie Ihre Ellenbogen wie zwei Flügel rechts und links nach außen und oben. Halten Sie diese Stellung wiederum einige Sekunden, während Sie sich mit jedem Atemzug weiten und von innen nach außen noch mehr dehnen. Abschließend lösen Sie sich aus dieser Position, während Sie die Arme langsam seitlich nach unten sinken lassen und in der «Geste der Absichtslosigkeit» nachspüren.

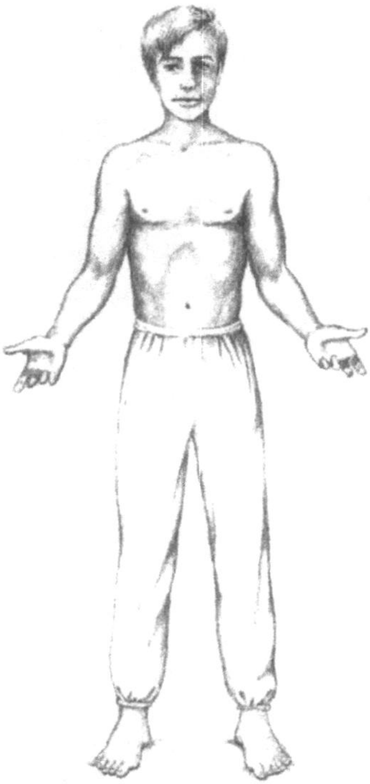

Beachten Sie:
Ausatmen – mit hörbarem Ton, nach vorne und unten kommen
Einatmen – zurück in die Ausgangsposition

Den Herzenslotus entfalten

In dieser Übung geht es zunächst darum, Altes abzustreifen, loszulassen, bevor wir das blockierte Schloß, das in die tieferen Räume unseres Wesens führt, öffnen können, um in den Raum von Frieden, Freisein und Liebe einzutreten. Je mehr uns das Loslassen gelingt, desto mehr können wir uns mit unserem innersten Wesenskern verbinden und von der tieferen Wahrheit in uns berührt werden.

1. Bringen Sie Ihre Fingerspitzen an die Mitte Ihres Brustkorbs, direkt am Herz-Chakra, an Ihrer Thymusdrüse, die sich unmittelbar hinter Ihrem Brustbein befindet. Die Fingernägel berühren sich leicht. Ihre Hände bilden ein V. Bleiben Sie einige Sekunden in dieser Haltung.
2. *Einatmen* – fühlen Sie, wie Ihr Brustraum sich von innen nach außen dehnt und weitet.

   Ausatmen – während Sie Ihre Fingerspitzen in einem großen Kreis vom Brustkorb weg, weit nach außen streifen, mit der Vorstellung, als ob Sie alte Häute abschälen wollten – Begrenzungen, die Sie daran hindern,

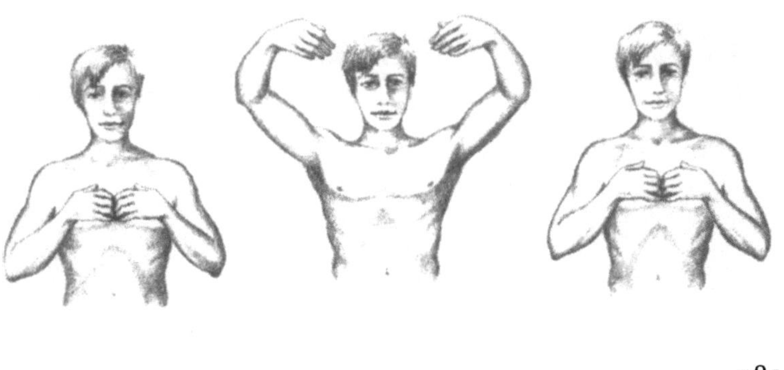

sich mit Ihrem Herzen auszusöhnen und wieder zu verbinden. Räumen Sie alles weg, was Sie blockiert, um die Freiheit des Herzens und den Fluß reiner absichtsloser Liebe zu erleben: Angst vor Nähe, Angst vor Einsamkeit und Verlassenwerden, alte Verletzungen und Erinnerungen, an denen Sie noch immer festhalten usw.

3. *Einatmen* – während Sie Ihre Hände in einem seitlichen Kreis nach vorne bringen und in die Ausgangsposition zurückkehren. Stellen Sie sich vor, wie Sie mit jedem Atemzug freier, leichter und unbeschwerter werden und wie es Ihnen möglich ist, mehr und mehr Ihren *Herzenslotus* zu entfalten; drei- bis fünfmal.
4. Abschließend lassen Sie noch einige Atemzüge lang Ihre Fingerspitzen an Ihrem Herzzentrum, an Ihrem Brustraum ruhen. Stellen Sie sich dabei wieder vor, wie gebündelte, weiche goldgelbe Lichtstrahlen tief in das Zentrum Ihres Herzens strömen und Ihren Herzenslotus heilen und aktivieren. Dann lassen Sie Ihre Hände und Arme langsam nach unten sinken und spüren noch einige Sekunden in sich hinein. Spüren Sie, ob Sie sich selbst vielleicht wieder ein Stückchen nähergekommen sind?

Beachten Sie:
Ausatmen – mit den Fingerspitzen nach außen streifen
Einatmen – Hände in horizontaler Kreisbewegung zurück zur Ausgangsposition

Das letzte Geheimnis: Die Geburt des Neuen Menschen

Meistens eilt unser Geist voraus, um ein scheinbar weit entferntes Ziel im Außen zu suchen und zu erreichen: ein Ziel, das die mehr oder weniger unbewußte Endstation unserer Sehnsucht ist. In Wirklichkeit aber – trotz aller Umwege im Außen – ist die «Endstation» in uns. Dahinter verbirgt sich unser wirkliches Geheimnis. Es ist das einzige und wahre Ziel, für das es sich lohnt, bewußt zu leben, um es wieder zu entdecken und zu erfahren. Die letzte Übung unterstützt uns, der letzten und wichtigsten Station unserer Lebensreise – unserem letzten Geheimnis – näherzukommen.

1. Bringen Sie mit einer tiefen Einatmung Ihre beiden Arme seitlich gestreckt über den Kopf. Halten Sie diese Position einige Atemzüge lang. Weiten und dehnen Sie sich. Öffnen Sie Ihren Brustraum, Ihr Herz. Öffnen Sie sich der Welt, dem Universum, Ihren Mitmenschen. Öffnen Sie sich Ihrem *Höheren Selbst,* Ihrer unsichtbaren Essenz, die innerhalb und hinter der Dualität mit allem verbunden ist – ewig, zeitlos, überall. Lassen Sie sich von Ihrer eigenen Präsenz und der Energie aus dem Kosmos aufladen und durchströmen.

2. *Ausatmen* – während Sie Ihre aufgeladenen Handflächen langsam an das Brustbein legen. Stellen Sie sich vor, Ihre Hände sind wie gebündelte Lichtstrahlen, die riesige Energiemengen in und um sich herunterziehen. Überlassen Sie es der tiefen Weisheit Ihres Körpers, der Intelligenz Ihres Herzens, das aufzunehmen und sich mit

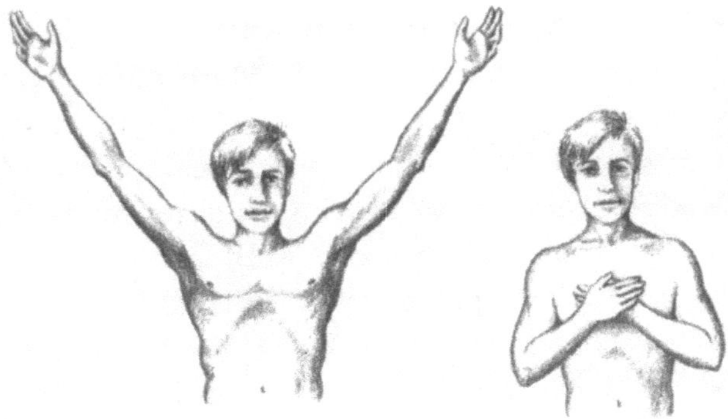

dem zu nähren, was Ihr noch begrenzter «Mikrokosmos» jetzt im Augenblick am meisten braucht, um Ihrem innersten Geheimnis etwas näherzukommen, es zu erfühlen, um mehr und mehr die Ursache und die Quelle Ihres Da-*Seins* zu entdecken.

3. *Einatmen* – während Sie Ihre Arme wieder nach oben bringen, sich weiten und dehnen, sich dem unbegrenzten «Makrokosmos» öffnen. Stellen Sie sich dabei vor, Sie werden wie eine Batterie aufgeladen, genährt von der universellen Lebensenergie, durchdrungen von Prana – dem Elixier der Unsterblichkeit; je fünfmal.
4. Legen Sie abschließend Ihre Handflächen an Ihr Herzzentrum. Lassen Sie sie einige Atemzüge lang dort, und beobachten Sie, was an dieser Stelle geschieht. Erlauben Sie sich, in sich hineinzuspüren, zu entdecken, was hinter Ihren Händen, in der Tiefe Ihrer Brusthöhle IST. Vielleicht eine persönliche Botschaft an Sie? Eine Antwort, ein Impuls aus Ihren verborgenen innersten Räumen – auf die Frage:

Bin ich bereit, mein letztes Geheimnis, meine tiefste Wahrheit im Kern meines Wesens, in der Tiefe meines Mensch-*Seins* zu entdecken und zu befreien? Das Erbe meiner Unsterblichkeit – DAS, was unzerstörbar, ewig, alldurchdringend und allumfassend ist und durch mich und aus mir geboren werden möchte, immer wieder neu? DAS, was so viele Namen hat? DAS, worüber Menschen aller Nationen, aller Kulturen und Religionen, aller Zeiten soviel gesprochen, gestritten, diskutiert, Bücher geschrieben haben. DAS, was durch Dogmen, Paradigmen und Gesetze begrenzt wurde? DAS, was durch Moralgebote verschüttet und durch indoktrinierte Gelübde erstickt wurde? Wofür Menschen Kriege geführt, gekämpft und sogar zu töten versucht haben. Und doch – das ewige *ICH BIN* – es ist immer da – unsterblich, überall präsent, immer wieder neu erfahrbar. Es ist die Liebe in ihrer reinsten Essenz, Liebe als die höchste Schöpferkraft, die durch jeden von uns und durch alle Lebewesen verkörpert und in der Welt verwirklicht und gelebt werden möchte ...

Das Ohr des Herzens – Musikmeditation

Das Auge ist der Spiegel der Seele,
das Ohr ist das Tor zur Seele ...

Unsere tiefste innigste Verbindung zum Leben und zu unseren Mitmenschen geschieht über unser Herz. Doch das Leben vieler Menschen ist ähnlich der Geschichte jenes Verzweifelten, der über Kontinente zog auf der Suche nach seinem verlorenen Diamanten, den er die ganze Zeit in seinem Herzen trug. Musik ist eine der Möglichkeiten, die uns daran erinnert, daß unser wertvollstes Juwel in uns zu finden ist, egal in welchem Teil der Welt wir uns gerade befinden. Wie Musik kann auch das Leben ein Spiel sein. Die einzige Chance, das «Spiel des Lebens» zu gewinnen, besteht darin, Kontrolle und Widerstand aufzugeben und uns dem wirklichen Leben anzuvertrauen. Und das bedeutet, uns von der Weisheit und Wahrheit unseres Herzens, die sich nach Befreiung, nach Weite, nach Entfaltung sehnt, berühren zu lassen.

Haben Sie sich mit den *Fünf Riten,* dem *Sonnengesang,* den *Diamanten* schon vertraut gemacht? Vielleicht haben Sie auch schon mit anderen Methoden aus diesem Buch experimentiert? Fällt es Ihnen noch immer schwer, «den Lebens-Kampf», Ihr Rechthaben, Ihre emsige Betriebsamkeit und Kontrollzwänge, die den Zugang zu Ihrem Herzen und die Berührung mit Ihrer inneren Wirklichkeit versperren, zu lockern und etwas loszulassen? Ihrer linken Gehirnhälfte ab und zu Urlaub zu gönnen? Oder kann es sein, daß Angst mit im Spiel ist? Angst vor Liebe? Angst vor der Wahrheit in Ihrem Herzen, vor Ihrem letzten Geheimnis, Angst vor dem Unbekannten?

Wirkliches Leben, Liebe kann nur in dem Maße gelebt werden, in dem wir es erlauben. Wir brauchen dafür nichts zu «machen». Ist Angst nicht in Wirklichkeit ein Schrei nach Liebe? Die geheime Sehnsucht, die sich hinter Angst und Furcht verbirgt, zwingt uns früher oder später, das, was uns von unserem wahren Wesen trennt, loszulassen und auszuheilen. Versuchen Sie es doch einmal mit Musik. Sie müssen dabei nichts machen. Sie brauchen sich nur dem Klang, der Energie, der Frequenz der Töne hinzugeben, von ausgewählten Melodien berühren zu lassen. Musik ist wirklich ein wunderbares Medium, der inneren Stimme und Melodie Ihres Herzens näherzukommen, von Ihrem wahren Wesen wieder berührt zu werden.

Erlauben Sie sich, Musik einmal anders als bisher zu hören. Es ist möglich, Musik und Töne mit Ihrem ganzen Körper und darüber hinaus mit dem *Ohr des Herzens* zu hören und zu erfühlen. Denn nur in diesem Raum erfassen wir, welche Botschaft der Komponist wirklich vermittelt. Dabei werden wir immer empfänglicher für Schwingungen, für Melodien, die uns besonders nähren, harmonisieren und heilen.

Nehmen Sie sich zehn bis fünfzehn Minuten Zeit. Achten Sie darauf, nicht gestört zu werden. Sitzen oder liegen Sie entspannt. Lockern Sie Ihre Kleidung. Tragen Sie nichts Einengendes, so daß die Töne und deren Schwingungen Ihren ganzen Körper berühren und durchströmen können. Lenken Sie Ihre Aufmerksamkeit zuerst auf den Atem, um den Fluß der Gedanken zu beruhigen.

Atmen Sie in Ihren oberen Brustraum. Dort – an der Basis des Halses – sitzt das Stimm- und Hörzentrum. Dort, ist der Körper am durchlässigsten, dort geht die Verdichtung des Körpers in die «Geistigkeit» des Kopfes über. Lassen Sie die von Ihnen ausgewählte Musik spielen. Versuchen Sie dabei, die Musik nicht mechanisch mit den Ohren, sondern mit der ganzen Haut zu hören und zu fühlen. Sie können sich auch bildlich ein Ohr im Raum Ihres Herzens vorstellen oder Ihren ganzen Körper als ein großes Ohr visualisieren.

Vielleicht bemerken Sie, nachdem Sie einige Zeit dieses «Neue Hören» geübt haben, wie die Töne der Musik Ihren Körper und Ihre Aura streicheln – von den Fußsohlen, bis zu den Haarspitzen und darüber hinaus. Vielleicht nehmen Sie plötzlich eine Verbindung von Tönen und Farben wahr. Fühlen Sie die Melodie durch jede Pore Ihres Körpers strömen. Lassen Sie alles Begrenzende, Belastende von den Klängen der Musik durchdringen, auflösen. Übergeben Sie es den heilenden Frequenzen der harmonischen Töne. Hören Sie sie mit jeder Zelle, als ob jede Zelle ein sich öffnendes, empfangendes Ohr wird.

Je tiefer Sie sich dieses Empfangen, diese Hingabe an die Musik erlauben, desto bewußter können Sie erleben, daß Sie selbst zur Musik werden, daß Ihr Mikrokosmos alle Klänge des Universums in sich vereinigt. Ich habe öfter erlebt, daß die Musik, die von außen in mich drang, mich in meinem Innersten berührte, plötzlich aus jedem Winkel meines Körpers, aus jeder Faser meiner Seele strömte, als ob ich sie selbst gespielt hätte. Vielleicht erfahren Sie, daß Ihr ganzer Körper, besonders aber Ihr Herz, ein wun-

derbares Medium ist. Ein besonderes Instrument, durch das der Schöpfer in Ihnen Ihre persönliche Melodie des Lebens innerhalb des großen Orchesters seiner Schöpfung komponiert.
Lassen Sie abschließend noch zwei bis drei Minuten in Stille die Musikmeditation nachklingen.

Musikauswahl für die Musikmeditation

Erspüren Sie selbst die speziell für Sie geeignete Musik, den Schöpfer *in, durch* und *mit* Ihrem ganzen Körper zu fühlen und zu hören – Melodien, die die kreative Intelligenz Ihres Herzens aktivieren. Am besten eignen sich Kompositionen von Mozart, Bach, Chopin, Vivaldi, Schubert – insbesondere die Adagios und Largos. Auch unter der New-Age-Music gibt es wirklich besonders gute Stücke, die inspirieren: die beliebten Harfenklänge von Erik Berglund, Themen von Vangelis, meditative Kompositionen von Deuter, Kitaro, Aeoliah, Kobialka, Rick Wakeman u.a. Sie können sie auch beliebig während der speziellen Übungen zur Herzensöffnung einsetzen. Experimentieren Sie. Entdecken Sie Ihre eigenen Melodien und Musikstücke. Finden Sie die Melodien, von denen Sie persönlich besonders berührt werden. Kombinieren Sie sie mit den entsprechenden Übungen, die Sie jeweils am liebsten durchführen. Oder noch einfacher: Hören Sie sie aus der Stille, während Sie sich mehr und mehr entspannen und von der Musik «durchströmen» lassen!

Literatur

Barnett Michael, Magyarosy A. Maruschi, *Der menschliche Diamant, Körperkontakt mit dem Kosmos*. Integral-Verlag, München.

Barnett Michael, *Diamant Yoga-Handbuch – Durch einfache Bewegungen zu innerem Frieden, natürlicher Ekstase und Transformation*, CEC – Cosmic Energy Connections, Zürich.

Alles. CEC – Cosmic Energy Connections, Zürich.

Göttlicher Sex. CEC – Cosmic Energy Connections. Zürich.

Dalai Lama, *Botschaft des Friedens*. Sphinx Verlag, München.

Das Auge einer neuen Achtsamkeit. Goldmann Verlag, München.

Diener S. Michael/Ehrhard Franz-Karl/Fischer-Schreiber Ingrid/Friedrichs Kurt, *Lexikon der östlichen Weisheitslehren Buddhismus – Hinduismus – Taoismus – Zen*, O.W. Barth Verlag, Bern, München, Wien.

Gillessen Wolfgang und Brigitte, *Erfahrungen mit den »Fünf Tibetern«, Neue Einblicke in das alte Geheimnis*. Integral-Verlag, München.

Kelder Peter, *Die Fünf »Tibeter«, Das alte Geheimnis aus den Hochtälern des Himalaja läßt Sie Berge versetzen*. Integral-Verlag, München.

Kilham Christopher, *Das Profi-Buch zu den Fünf »Tibetern«*. Integral-Verlag, München.

Magyarosy Maruscha, *Vom Ozean zum Gipfel*, Teil 1: *Unterwegs mit der Sehnsucht*. Teil 2: *Der Eremit und ich*. Laredo-Verlag, Chieming.

Surya Namaskar, das andere Fitness-Rezept. Wie Sie Licht und Sonne in Ihren Körper holen. Laredo-Verlag, Chieming.

Ich finde mich, LebensReiseNotizen – Mit Übungen für Körper und Bewußtsein. Integral-Verlag, München.

Körpermeditation im Alltag für Streßgeplagte und Manager. Peter-Erd-Verlag, München.

Meher Baba, *Das Buch des Herzens.* Hugendubel/Sphinx-Verlag, München.

Orr Leonard, Konrad Halbig, *Bewußtes Atmen, Rebirthing.* Goldmann Verlag, München.

Palmer Harry, *ReSurfacing, Techniken zur Erforschung des Bewußtseins.* Context Verlag, Bielefeld.

Die Kunst, befreit zu leben. Context Verlag, Bielefeld.

Purce Jill, *Die Spirale, Symbol der Seelenreise.* Kösel Verlag, München.

Ramm-Bonwitt Ingrid, *Mudras – Geheimsprache der Yogis.* Bauer Verlag, Freiburg im Breisgau.

Sharamon Shalila und Baginski Bodo, *Das Chakra-Handbuch. Vom grundlegenden Verständnis zur praktischen Anwendung.* Windpferd Verlag, Durach.

Walter Johannes, *Die heilende Kraft des Atmens.* Peter-Erd-Verlag, München.